CÓMO HACER SEGUIMIENTO
CON TUS PROSPECTOS PARA REDES DE MERCADEO

Convierte un "Ahora no"
En un "¡Ahora mismo!"

KEITH Y TOM "BIG AL" SCHREITER

Para información, contacte:
Fortune Network Publishing,
PO Box 890084
Houston, TX 77289 Estados Unidos

Teléfono: +1 (281) 280-9800

ISBN: 1-892366-56-8
ISBN-13: 978-1-892366-56-6

DEDICATORIA

Este libro está dedicado a los empresarios de redes de mercadeo de todo el mundo.

TALLERES DE BIG AL

Viajo por el mundo más de 240 días al año impartiendo talleres sobre cómo prospectar, patrocinar y cerrar.

Envíame un correo electrónico si quisieras un taller "en vivo" en tu área.

http://www.BigAlSeminars.com

Consigue 7 mini reportes de frases geniales y sencillas que crearán nuevos prospectos calificados.

Regístrate hoy en:

http://www.BigAlReport.com

¡OBSEQUIO GRATIS!

Recibe la noticia cuando el próximo libro de "Big Al" sea lanzado, para que puedas conseguirlo GRATIS.

http://bigalbooks.com/giftoffer.htm

Otros libros geniales de Big Al están disponibles en:

http://BigAlBooks.com/spanish.htm

TABLA DE CONTENIDOS

PREFACIO

Escuchamos a nuestros prospectos decir:

* –Necesito pensarlo.

* –No es un buen momento.

* –Estoy muy ocupado.

* –Ahora no. Quizás después.

Por supuesto que nuestros prospectos podrían estar diciéndonos educadamente que no están interesados, pero son prospectos, ¿no es así? Así que ciertamente ellos tienen interés en nuestra oportunidad, pero algo los está deteniendo.

¿Tienen miedo de tomar la decisión demasiado rápido? ¿Se sienten incómodos con nosotros? ¿Nuestra presentación los saturó?

Sea cual sea la razón por la que se demoran, nosotros debemos de hacer seguimiento con nuestros prospectos.

El seguimiento no tiene que ser atemorizante. No debemos de sentirnos culpables o nerviosos. No debemos de sufrir el dolor de que los prospectos eviten nuestras llamadas.

Un seguimiento adecuado significa que tengamos conversaciones buenas con nuestros prospectos. Nuestro prospecto está a la espera de nuestra llamada. Siempre estamos en afinidad. Y cuando el tiempo es el correcto para nuestros prospectos, nosotros estamos ahí para ellos.

¿Suena divertido?

Utiliza las técnicas en este libro para mover a tus prospectos hacia delante, de un "ahora no" a "no, ahora."

–Keith y Tom 'Big Al' Schreiter

¿Mito o incompetencia?

"La venta o decisión de compra promedio toma siete visitas de un vendedor."

¿¿¿En serio???

No sé si esto sea cierto. Tal vez sea sólo un mito para mantener optimista al personal de ventas después de escuchar "¡No!" de parte del mismo prospecto después de múltiples acosos.

Nosotros sabemos que hay dos tipos de prospectos.

Primero, hay prospectos que compran de inmediato. ¿Por qué?

#1. El momento correcto.

Quizá el momento sea tan bueno que el prospecto tiene que tomar una decisión de inmediato. Por ejemplo, el prospecto se cae y se lastima la rodilla. Nosotros vendemos una solución para el dolor. ¿Qué tan genial es eso?

O, el doctor le dice al prospecto –¡Pierda peso ya mismo!– y resulta que nosotros vendemos una solución para las dietas.

O mejor aún. El jefe le grita a nuestro prospecto, su compañero de trabajo se corta las uñas de los pies en el escritorio, y ahora nuestro prospecto está atorado en el tráfico… nuestro prospecto está listo para actuar ahora. Sí, ¡el tiempo lo es todo!

#2. Afinidad perfecta.

Conocemos a nuestro prospecto, y tenemos una afinidad perfecta. Es fácil hacer una decisión instantánea con alguien en quien confías. Los prospectos van a comprar de alguien y se unirán con alguien en quien confían.

Sin embargo, si nuestro prospecto no nos cree, o no confía en nosotros, nada va a ocurrir. La oferta puede ser la mejor oferta en el mundo, pero cuando no nos sentimos cómodos con el vendedor, retrasaremos nuestra decisión lo más posible.

Los profesionales en redes de mercadeo constantemente trabajan en mejorar sus técnicas de afinidad. Es divertido obtener decisiones instantáneas con un "Sí".

Desafortunadamente, cuando comenzamos nuestra carrera en redes de mercadeo, no tenemos grandes habilidades. Hay bastante por aprender, y no podemos dominarlo todo en nuestro primer día.

Segundo, hay prospectos que no se unen a nuestro negocio ni compran de inmediato. ¿Por qué?

#1. Mal momento.

Nuestra oferta puede ser perfecta, pero las circunstancias del prospecto pueden ser malas. ¿Estos ejemplos de un mal momento te suenan familiares?:

* Pérdida de trabajo. Nuestro prospecto está completamente enfocado en la supervivencia y en encontrar otro trabajo para pagar las cuentas. Somos una distracción innecesaria en este momento.

* Horarios extensos en el trabajo. No hay mucho tiempo para vivir cuando el jefe usa cada hora de nuestro día.

* Mudanzas. El segundo evento más estresante de nuestra vida. No hay tiempo para tolerar a un vendedor y sentarse para escuchar una presentación.

* Asuntos familiares. Cuando nuestros hijos tienen problemas en sus vidas, nuestra atención se fija en resolver esos problemas. Asistir a una reunión o webinar está muy abajo en la lista de prioridades.

* Problemas en su relación. Mucho drama y poco tiempo para pensar en nuestra oferta.

Más sobre los malos momentos después. Veamos la otra razón por la que los prospectos se demoran.

#2. Distracciones.

Nuestros prospectos pueden distraerse con una notificación de correo electrónico nuevo y olvidarse de ingresar a nuestra página web.

O peor, reciben una llamada telefónica, un pedido urgente de su hijo, o alguien llama a la puerta.

Tu oferta rápidamente se desvanece, para nunca más ser considerada de nuevo.

11

#3. Mala presentación de negocio.

El prospecto necesita nuestro producto o servicio, pero nuestra presentación fue amateur y muy mala. Quizás cometimos alguno de esos pecados de presentación que distancian a nuestro prospecto:

* Leímos una presentación PowerPoint o un panfleto a nuestro prospecto como si fuese analfabeto. Aburrido.

* Le mostramos al prospecto un video de presentación. Si nuestro prospecto no puede soportar mirar un comercial de 30 segundos en televisión, obligarlo a mirar un comerciar de 10 minutos sobre nuestra compañía puede ser fatal.

* Le dijimos al prospecto todo acerca de nosotros, nuestros datos, nuestra genialidad, la historia de nuestra compañía, nuestra historia de vida, y nunca nos concentramos en las necesidades que tiene.

* Enviamos a nuestro prospecto a que revise una página web. Eso le va a quitar mucho tiempo de su día.

* Usamos un cierre amateur de alta presión que ofendió a nuestro prospecto.

#4. Malas habilidades.

Digamos que acabas de abordar un avión y el piloto dice: –Bienvenidos a bordo les habla su capitán. No se cómo volar este aeroplano, pero tengo una actitud genial y estoy muy motivado.

¿Volarías en ese avión? Por supuesto que no.

Los prospectos pueden oler la incompetencia. Si no tenemos práctica y lucimos inseguros, los prospectos evitarán hacer negocios con nosotros. Los prospectos están desesperados por seguir a alguien, pero sólo quieren seguir a alguien que sabe a dónde se dirige, y posee las **habilidades** para llegar. No todos los prospectos están listos para subir a bordo de una misión hacia la incompetencia.

Vamos a enfocarnos en lo que podemos controlar para que podamos conseguir una decisión de "Sí."

Mientras que no podemos controlar los malos momentos dentro de la vida de nuestros prospectos (Razón #1) ni las distracciones (Razón #2), podemos por lo menos controlar nuestra presentación (Razón #3) y dominar nuestras habilidades (Razón #4).

¿Qué podemos hacer cuando encontramos al prospecto que no dice "Sí" de inmediato? Aquí es donde comienza el seguimiento.

Si hemos construido *"Seguridad, Confianza, Influencia y Afinidad al Instante,"* entonces el seguimiento será fácil. Al tener buena afinidad en nuestro primer contacto con los prospectos, ellos **esperarán con gusto** nuestro segundo contacto. No tendremos mensajes de voz sin responder o personas rechazando nuestros otros intentos de seguimiento.

A menos que haya comunicación futura, toda la esperanza está perdida.

Cuando hacemos seguimiento con los prospectos, ¿realmente qué es lo que los hace sentir inseguros? ¿Qué es lo que los detiene?

Aquí está el secreto de seguimiento que hará la diferencia.

Los prospectos no entienden todo sobre nuestro negocio. Y no pueden comprender por completo ningún negocio hasta que lo hayan experimentado por algún tiempo.

Los prospectos están desesperados por cambiar sus vidas. Lo que los prospectos están realmente buscando es un camino seguro y una guía confiable para su futuro éxito. Quieren saber si:

1. Sabes **hacia donde** te diriges.

2. Sabes **cómo** llegar ahí.

3. Tienes las **habilidades** para mostrarles cómo llegar.

Así que, enfócate en el tema principal. Construye esa confianza y afinidad con tus prospectos, y después muéstrales que tus habilidades los llevarán hacia el éxito que desean.

Por ahora, vamos a asumir que nuestra presentación y habilidades son adecuadas.

¿Ahora qué? Eso deja al "tiempo" como tema principal.

¿Qué ocurre en el día promedio de nuestro prospecto? ¿Cómo ayuda nuestro seguimiento a cambiar un "No" por un "Sí"?

Veamos los tres efectos que tiene el seguimiento:

1. Repetición.

2. Selección.

3. Desfile en movimiento.

El efecto "repetición de cartelera."

Así es como funciona la repetición en el seguimiento.

Digamos que cinco días por semana conduzco mi auto hacia el gimnasio para hacer ejercicio. La misma ruta cada ocasión. Paso por el consultorio dental, la lavandería, la cafetería y los mismos anuncios de cartelera. A menos que haya algo fuera de lo ordinario, no recuerdo el trayecto.

Un día, al regresar del gimnasio, una nueva cartelera aparece anunciando un nuevo restaurante italiano. Me fascina la comida italiana. Y después de hacer ejercicio, ¡estoy hambriento!

¿Pero el momento? Bueno, es mal momento. Tengo una junta a la cual no puedo faltar.

El día siguiente, mientras regresaba del gimnasio, recordé la cartelera del restaurante italiano. Esta ocasión recordé que su especialidad era la pizza en el horno de leña. Mi estómago gruñía con anticipación.

Pero la agenda de esta semana estaba llena con diligencias y actividades. Una vez más, el momento no era el adecuado.

Para entonces, la cartelera del restaurante se había evaporado entre el camino automático hacia el gimnasio. Algunos pocos días después, recordé el restaurante italiano.

¿Por qué? Debido a que encontré un volante en la puerta de mi casa. Era del nuevo restaurante italiano, anunciando sus pizzas en horno de leña. Rápidamente pegué el volante en mi refrigerador para no olvidar esas pizzas a la leña la próxima vez que tuviera hambre.

Ahora, el volante del restaurante italiano se pierde entre tanta locura colgada en la puerta del refrigerador.

Un mes después, voy conduciendo de regreso del gimnasio. Mi estómago gruñía: –Calorías. ¡Quiero calorías!"– y levanté la mirada. ¿Qué es lo que veo?

La cartelera de mis sueños. La cartelera que había estado ignorando y olvidando durante un mes. Sí, el restaurante italiano estaba llamando mi nombre.

En sólo unos pocos minutos, estaba sentado en una mesa, mirando el menú mientras enviaba mensajes a mis amigos para que se unieran en un frenesí saturado de calorías.

El seguimiento paga.

El restaurante italiano me tiene como cliente y yo soy un vendedor ambulante, recomendando su comida por todas partes a donde voy. El restaurante italiano tiene como clientes a varios de mis amigos.

Somos clientes comprometidos, a largo plazo. El restaurante italiano no necesita anunciarse ante nosotros de nuevo. Somos sus fans.

¿Cuánto pagó el restaurante por la cartelera? Probablemente miles de dólares.

¿El restaurante italiano recuperó el costo de la cartelera? Creo que mis amigos y yo pagamos en su totalidad el costo con nuestro consumo personal de cada semana.

Ahora, si mis amigos y yo comemos suficiente comida para pagar la cartelera, sólo piensa en todos los otros conductores que han visto el mismo anuncio. ¿Han tenido una experiencia similar? Yo opino que sí. Entre la cartelera y algunos volantes en las puertas, el restaurante italiano hizo seguimiento con nosotros y con los demás. Así es, el seguimiento paga.

Pero, ¿qué tal si la cartelera sólo hubiese estado anunciada durante un día? El restaurante italiano habría gastado su dinero.

Las múltiples exposiciones garantizan que el momento sea el correcto para nuestros prospectos, estaremos ahí. Justo frente a nuestros prospectos.

Las carteleras no tienen sentimientos.

Todos los días, la cartelera anuncia que el restaurante italiano está abierto. Los prospectos miran e ignoran a diario esta cartelera. Sólo unos pocos prospectos se dan cuenta de ella mientras conducen en su rutina diaria.

¿Significa que los prospectos rechazan la cartelera a diario? No. Sólo significa que hoy no es su día. Tal vez el momento sea mejor otro día.

Necesitamos este tipo de actitud cuando hacemos seguimiento con los prospectos. Nuestros prospectos se olvidan de nosotros. Nuestro seguimiento le recuerda a nuestros prospectos sobre nuestra oferta. Y, ¿quién sabe? Tal vez hoy sea **su día** para tomar ventaja de nuestra oferta.

El seguimiento significa que podemos servir al prospecto cuando está listo. Esto puede significar un cliente o un socio de por vida.

El efecto "selección en centros comerciales."

El segundo efecto del seguimiento es el de selección. Como prospectos, nos seleccionamos a nosotros mismos al ignorar todas las ofertas que no necesitamos.

Nuestro centro comercial local tiene más de 200 tiendas. Yo no soy un visitante frecuente. Personalmente, paso tan poco tiempo como sea posible en el centro comercial.

¿Pero otros? Adoran las compras. Viven para las compras. Mirar los aparadores no es sólo un pasatiempo. Para ellos, mirar los aparadores es una profesión. Estas personas constantemente monitorean el centro comercial con la esperanza de encontrar algo nuevo para comprar.

Miles de personas asisten al centro comercial cada semana.

1. Algunos irán directo a una tienda y luego se irán. Esto es lo que yo hago.

2. Algunas personas entrarán a varias tiendas y observarán algunas otras durante su visita.

3. Y algunos, bueno, estos mirones profesionales irán a cada tienda.

Piensa en tu seguimiento como ser dueño de un local en el centro comercial. Tu seguimiento significa que eres visible a cada persona que camina frente a tu local ese día. Si no estás ahí, estos prospectos olvidarán que existes.

Estos prospectos diarios se seleccionan a sí mismos. No tienes que determinar si el momento es el correcto. Sólo piensa en ti mismo como uno de los locales del centro comercial.

La tienda de teléfonos móviles del centro comercial sabe que la mayoría de los compradores está bajo un contrato.

La tienda de joyería en el centro comercial sabe que la mayoría de los compradores no necesita joyería nueva ese día.

La zapatería en el centro comercial sabe que la mayoría de los compradores ya ha comprado zapatos recientemente.

El puesto de hamburguesas en el área de comida del centro comercial sabe que la mayoría de los compradores querrá comer algo diferente ese día.

Y en tu negocio, para la mayoría de tus prospectos, simplemente hoy no es el día.

¿Rechazo?

Miles de personas caminan frente a las tiendas en el centro comercial cada semana. Como dueño de una tienda, no te das cuenta que la mayoría de los compradores pasa frente a tu local sin siquiera mirarte. Tu enfoque está solamente en esos compradores que ingresan a tu tienda, debido a que hoy es su día.

No hay rechazos. Sólo seleccionamos.

Así son los negocios.

Así que si estás haciendo seguimiento con múltiples prospectos, considera esto como si fueses dueño de una tienda en el centro comercial, donde no recibes rechazos. Tu trabajo es estar frente al prospecto cuando su momento sea el correcto. Es todo.

El efecto "desfile en movimiento."

El miedo al rechazo hace del seguimiento un problema. Nuestra conversación interna puede sonar como esto:

–Oh, tal vez estoy molestando a mi prospecto con una llamada de seguimiento. Y ahora no es un buen momento para enviar un correo de recordatorio. ¿Qué tal si estoy interrumpiendo a mi prospecto? Espero que el prospecto me recuerde, y me recuerde con gusto. ¿Qué tal si no es un buen momento para mi prospecto? ¿Qué tal si me dice que no y me rechaza? ¿No debería mejor estar buscando prospectos nuevos 100% del tiempo?

El rechazo no tiene nada que ver con nosotros en lo personal. El rechazo usualmente no es contra nuestra oportunidad o nuestro producto.

El rechazo es usualmente sólo sobre el <u>momento</u> de la oferta.

La mayoría de los prospectos son ideales para las redes de mercadeo, pensando en que les presentamos la oportunidad cuando las condiciones son las mejores para ellos. Tu prospecto no está listo o no es capaz de unirse a tu empresa de redes de mercadeo 365 días al año.

Por ejemplo, durante los primeros 18 años de la vida del prospecto, no tiene edad suficiente y es incapaz de convertirse en un distribuidor. En su cumpleaños 18, ¿este prospecto se convierte automáticamente en un emprendedor?

Difícilmente. Tal vez se convierte en piloto de carreras, un parrandero profesional, un erudito en literatura, o algo diferente a lo que sería un prospecto ideal para redes de mercadeo.

Sólo un tiempo después las condiciones del prospecto o las situaciones serán las correctas para tomar una decisión de unirse a tu negocio.

Piensa en ti mismo. Cuando te uniste a tu compañía de redes actual, las condiciones fueron las correctas para ti. Sin embargo, durante los años previos, hubo numerosas ocasiones donde las condiciones eran desfavorables para tu ingreso en redes de mercadeo.

Quizá tenías un problema con alguna relación personal, una condición médica que requería tu completa atención, un empleo que querías mucho, pasatiempos que demandaban tu interés, amistades que querías hacer, planes de viajes o cualquier otra ambición que requería de tu total atención.

Luego, repentinamente, las condiciones fueron las correctas para que ingresaras a una red de mercadeo. Tal vez tu trabajo no era estable o se hizo aburrido, tal vez deseabas libertad financiera, o posiblemente un cambio de carrera se sentía bien. Quizá cierto producto de una red de mercadeo tocó tu vida o la de tu familia. Por la razón que fuera, **el momento era el correcto.**

Así que, nosotros le explicamos a nuestro nuevo distribuidor que sus diez mejores amigos **rechazaron el momento**, no la oportunidad o al distribuidor personalmente. Todos esos diez amigos serán prospectos excelentes cuando las condiciones cambien. (Por supuesto, estamos asumiendo que no les dijimos a nuestros amigos que eran estúpidos al rechazar unirse con nosotros aquel día.)

El concepto del **desfile en movimiento** es otra manera de describir esto a nuestro nuevo distribuidor. Le diría algo como esto a mi nuevo distribuidor que está temeroso del rechazo.

–Imagina que estás sentado en las gradas mirando un desfile que pasa. Los únicos prospectos que están calificados para tu oportunidad de redes de mercadeo son aquellos prospectos que están marchando **directamente frente** a ti. Eso significa que esas mismas personas son prospectos no calificados **antes** de que pasen frente a tu asiento, y de nuevo, se convierten en no calificados **después** de que pasan tu asiento.

El único momento en que los prospectos están calificados es durante el corto lapso de tiempo cuando están marchando directamente frente a tu asiento.

Si no están interesados, **no tiene nada que ver contigo.** Sólo significa que los prospectos no están marchando directamente frente a tu asiento en este momento.

Ahora, el impacto y el dolor del rechazo desaparece. Nuestro distribuidor comprende que el momento puede hacer una gran diferencia en la respuesta de nuestros prospectos.

Aquí está otra manera de ver el cómo las condiciones afectan al prospecto.

Dale un vistazo al día de este prospecto y date cuenta de las veces en las que podría estar calificado para tu oportunidad.

6:00 a.m.: El despertador suena. John gruñe porque tiene que dejar la cama. Desea que fuese dueño de su propio negocio para poder dormir un poco más.

7:00 a.m.: John recuerda que hoy será uno de sus mejores días en el trabajo. Es momento para los cheques de reparto de utilidades anuales.

8:00 a.m.: El auto de John es destrozado por un camión de entregas a alta velocidad. John recuerda que olvidó pagar el seguro esta semana.

9:00 a.m.: John llega a la oficina y todo mundo está sonriendo. Tal vez sea un día genial después de todo.

10:00 a.m.: Los cheques de reparto de utilidades son repartidos en sobres sellados.

10:01 a.m.: Dentro de los sobres hay cartas de despidos. La compañía ha sido comprada por la competencia y los empleados ya no son requeridos.

10:30 a.m.: John recibe una llamada desde casa, su esposa ha ganado la lotería.

11:00 a.m.: Un equipo de policía escolta a John a la comandancia. Aparentemente el departamento de Hacienda ha encontrado algunas inconsistencias en la declaración de impuestos que hizo el año pasado.

Y así, el día continúa.

Si invitaras a John a una junta de oportunidad a las 6:00 a.m., puede que esté abierto a una opción alterna. Sin embargo, si lo llamaras justo después que se enteró que su esposa ganó la lotería, estoy seguro que ya tendría planes para el resto del día.

Varias veces al día, durante el mismo día, un prospecto puede convertirse de no calificado a calificado y de regreso. Es sólo cuestión de **tiempo**, no un rechazo personal.

La historia de Jay.

Los tres factores del seguimiento son:

1. Repetición.

2. Selección.

3. Desfile en movimiento.

Veamos cómo afectan a nuestro prospecto, Jay. Observa cómo Jay cambia de ignorar lo obvio a convertirse en prospecto en su historia.

Jay es un atleta nato, una estrella de fútbol natural en la preparatoria y universidad. Pero después de la universidad, Jay engorda al estar sentado todo el día en su empleo como gerente. Atendiendo clientes, comida rápida, y largas noches de trabajo agregan más kilos y más centímetros a su cintura.

Jay cree que su lavadora encoge la ropa, y constantemente tiene que comprar ropa nueva, de talla más grande.

Todos los días Jay mira publicidad para perder peso en las páginas de sus redes sociales, periódicos, carteleras y en la televisión. Él piensa: –Estoy en forma. Era un jugador de fútbol reconocido hace quince años.

Un día Jay recibe la invitación para la reunión de 20 años de preparatoria. –¡Fabuloso! Es tiempo de ver a mis compañeros de juego.

Totalmente en la negación, Jay compra un traje más grande que le queda. –Vaya, no creo que esté tan gordo. Las medidas de los trajes seguro se han modificado a otro sistema.

En la reunión, una rápida mirada a sus viejas fotos muestra a un Jay mucho más delgado. Jay piensa: –Oh bueno, todos suben un par de kilos en 20 años.

Pero cuando Jay se topa con su antigua ex novia en la reunión, ella grita a todo lo alto:

**–¡Caramba, Jay! ¡De verdad que te has puesto
gordo en estos años!**

Ahora, Jay se convierte en prospecto para productos de perdida de peso.

¿Pero qué producto? ¿Debería de elegirlo al azar de entre tanta publicidad? ¿Debería de elegir algún producto de entre todos los que ha visto en sus redes sociales?

No. Jay pide un producto de un amigo que se ha mantenido en contacto, que hizo el seguimiento con Jay incluso cuando Jay no pensaba que era un prospecto.

Debido a que el amigo de Jay simplemente se mantuvo en contacto y no lo presionó a comprar, había confianza y aprecio en la relación.

¿No es eso lo que queremos conseguir con nuestros esfuerzos en el seguimiento? Por supuesto. Queremos estar

ahí con una solución cuando el momento sea el correcto
para el prospecto.

Y, ¿qué significa realmente "hacer seguimiento"?

Bueno, si el momento es el obstáculo en la vida de nuestro prospecto, entonces el seguimiento sólo consiste en estar ahí en el momento correcto. Esta es una razón muy buena para mantener la relación abierta y cálida. Cuando el tiempo sea el correcto para el prospecto, quieres que piense en ti, y que lo haga con gusto.

¿Pero qué hay de las otras razones por las cuales necesitamos hacer seguimiento con nuestros prospectos? ¿Qué ocurre cuando debemos hacer seguimiento debido a que no hicimos una buena presentación, o cuando nuestras habilidades de comunicación son poco menos que adecuadas?

Acercándonos a una decisión.

En esos casos, debemos recordar que el propósito de nuestro seguimiento debería ser el de **mover al prospecto hacia** la decisión de unirse o comprar.

Nuestra razón para cada contacto con nuestro prospecto es ayudarlo a sentirse mejor con nosotros, y aprender más sobre nuestro negocio y lo que ofrecemos.

El tema es que queremos mover al prospecto hacia una decisión de "Sí" o "No" con cada contacto.

31

Si nos concentramos en proveer más información y beneficios para mover a nuestro prospecto hacia adelante, evitaremos charlas ociosas que desperdician el tiempo de nuestro prospecto. Los prospectos respetan eso.

Compara estos dos escenarios:

1. Llamas al prospecto y dices:

–Oh ¿cómo estás? ¿Cómo está el clima donde estás? ¿Todo bien con tu perro?

Tal vez estemos tratando de construir afinidad, pero los prospectos están presionados por el tiempo. Tienen un trabajo, familia, televisión, internet y más. La mayoría de los prospectos no pueden invertir mucho tiempo en charlas de ocio.

2. En lugar de eso, llamas a tu prospecto y durante la conversación dices:

–Yo sé que debes de pagar los impuestos sobre tus ingresos, ¿pero sabías que teniendo un negocio de tiempo parcial te puede dar los mismos beneficios de impuestos que tienen las empresas grandes?

O tal vez, podrías decir: –Mencionaste anteriormente que tenías interés en nuestro producto de vitaminas. Acabo de encontrar dos nuevos usos. ¿Te gustaría que te compartiera lo que encontré?

O tal vez, podrías decir: –Cuando nos conocimos, mencionaste que te gusta mucho viajar. La compañía acaba de anunciar un viaje a Hawai así que podemos calificar para un viaje todo pagado. ¿Te gustaría ir a Hawai?

Así que el seguimiento tiene dos objetivos:

* Crear afinidad construir la relación.

* Mover al prospecto hacia una decisión de "Sí" o "No."

Vamos a comenzar.

En los próximos capítulos veremos diferentes maneras de hacer seguimiento con nuestros prospectos, y exactamente qué decir cuando hablamos con ellos.

Crea tu película.

Algunas veces es difícil encontrar exactamente lo que el prospecto busca. Algunos prospectos buscan:

* Una garantía de que serán exitosos.

* Un producto o servicio con gran valor.

* Una manera de evitar hablar con sus amigos.

* Algo que puedan hacer desde casa a través de internet.

* Una oportunidad de hacer algo emocionante.

* Una manera de hacerse súper ricos.

* Algo que no tenga un precio exagerado.

* Un mentor que comprenda su situación.

* No rechazos.

Si no sabemos con exactitud lo que nuestros prospectos están buscando en una oportunidad, entonces, ¿cómo podemos ayudarlos? No queremos desperdiciar su tiempo al presentarles información adicional que no es relevante para su decisión.

Pero los prospectos rara vez se abren con nosotros. Hay un nivel inicial de desconfianza en nuestras primeras conversaciones. Los prospectos se contienen al revelar lo que quieren o sus sentimientos. Ellos temen que usemos técnicas de venta de alta presión para explotar sus "botones calientes" para forzarlos a decidir.

La técnica de "crear tu película."

Este método hará que tu prospecto hable sobre sus necesidades, lo que quiere, sus ambiciones y lo que le es más importante. Es fácil.

En tu conversación con el prospecto menciona esto:

–Es más fácil encontrar exactamente lo que quieres, cuando sabes exactamente cómo se ve. Imagina que eres un gran productor de Hollywood. Tienes el poder de crear la película que desees. Si crearas la película de tu oportunidad perfecta, ¿cómo se vería en tu mente esa oportunidad? ¿Qué es lo que ves en tu película?

Escucha mientras tu prospecto describe la oportunidad perfecta. Haz una nota mental de algunos puntos clave en su historia.

* ¿Cual es el costo de afiliación?

* ¿Qué es lo que el prospecto tiene que hacer?

* ¿Qué pasos debe de tomar el prospecto?

* ¿Cómo se ven los cheques de bonificaciones?

* ¿Cuáles actividades son divertidas para el prospecto?

Y entonces pregunta al prospecto: –¿Qué tan pronto te gustaría que esa oportunidad perfecta comience a suceder en tu vida?

Por supuesto, el prospecto contesta: –¡De inmediato!

Pero hay un gancho.

Tu prospecto describió la oportunidad "perfecta," y tu oportunidad no se acerca ni por poco a la visión de tu prospecto. Probablemente ninguna oportunidad se puede acercar a esa visión tan perfecta. ¿Qué dices entonces? Prueba esto:

–¡Vaya! Eso sería genial. La oportunidad perfecta en el mundo perfecto. Creo que tú y yo sabemos que nada es perfecto en esta vida, pero, podemos soñar. Lo más importante que podemos hacer en los negocios es **ingresar** al negocio. Mientras que no hay oportunidades perfectas, podemos comenzar a construir nuestro negocio para acercarnos lo más posible. La diferencia es esta. Los soñadores sólo… sueñan. Las personas exitosas en los negocios describen su sueño, y comienzan a trabajar en hacer que ese sueño se convierta en realidad. **Cuando el tiempo sea apropiado para ti,** trabajemos juntos en hacer este negocio lo más parecido a tu sueño que nos sea posible.

Nota cómo no trataste de presionar un cierre en esta frase. No perdiste afinidad con tu prospecto por presionar demasiado. En lugar de eso, haz conseguido estas cuatro cosas.

#1. Encontraste lo que el prospecto está pensando, el criterio que el prospecto estaba usando para tomar una decisión de moverse hacia delante.

#2. Amablemente le hiciste saber al prospecto que nada es perfecto. No todos los planetas deben de estar alineados antes de que alguien tome el primer paso para avanzar.

#3. Mencionaste que tú y el prospecto van a trabajar juntos para hacer que el sueño del prospecto sea lo más cercano a la realidad.

#4. Le permitiste al prospecto algo de espacio para respirar al decir "Cuando el tiempo sea apropiado para ti..." Le permitiste al prospecto sentirse en control sobre cuándo quiere comenzar. Por supuesto, el momento obvio para comenzar es de inmediato, pero no tienes que decirlo.

La comunicación es la clave.

Tus oportunidades para tener éxito mejoran cuando tu prospecto se abre y te dice lo que realmente está pensando. Esta técnica lo hace más fácil para permitir que tu prospecto hable.

Puedes usar esta técnica cuando estés presentando o sólo prospectando y nunca perderás la afinidad.

Cuando dicen "No" a lo que ofreces.

"No" significa... "No." Es por eso que tu prospecto decidió usar esa palabra.

Si queremos permanecer respetuosos, debemos comprender a qué le están diciendo "No." Por ejemplo,

#1. Pueden estar diciendo "No" a nuestra persona.

Ellos no desean hacer negocios con nosotros. No somos un buen partido para ellos. Quieren trabajar con alguien más. O tal vez los ofendimos. En ese caso el seguimiento a futuro puede ser descortés.

#2. Pueden estar diciendo "No" a nuestra oportunidad o producto.

No están interesados en lo que les ofrecemos. Tal vez tienen algún prejuicio contra cierto grupo de productos u oportunidad. Vaya, si no es algo que les gusta, vamos a respetar eso y desearles éxito en sus futuras búsquedas.

Por ejemplo, no uso camisas de vestir blancas. Tú vendes camisas de vestir blancas. Esto nunca va a funcionar. Me das tu mejor presentación. Tus camisas han sido recomendadas por celebridades, y 10,000 críticas de cinco estrellas en redes sociales. Las camisas de vestir blancas aparecen en las telenovelas, se lavan solas, y duran para siempre.

100% de las veces voy a decir "No" a tu oferta de camisas de vestir blancas.

¿Por qué? Simplemente no necesito o no uso ese producto.

Sin embargo, dos semanas después tu compañía lanza las camisas de vestir en color azul. ¡Fenomenal! ¿Crees que voy a estar interesado ahora? Sólo hay una marea de saberlo: haciendo seguimiento.

Así que si tu oportunidad o producto cambia, todavía tienes una razón para hacer un breve contacto de seguimiento con tus prospectos.

#3. Pueden estar diciendo "No" a CÓMO describimos nuestra oferta.

Piensa en ello. La mayoría de los prospectos adorarían tus productos, tus servicios, y más dinero en sus vidas. Ya están calificados.

Sin embargo, puede que no les agrade la manera en la que describimos nuestra oferta. Simplemente cambiando algunas palabras podemos hacer una gran diferencia en los resultados que experimentamos. Apuesto a que reconoces el siguiente ejemplo.

Imagina que estás en una cita. Tú dices: –Cuando miro tus ojos, el tiempo se detiene–. O… también podrías decir: –Con esa cara, ¡detendrías un reloj!

Ahora, ambas frases describen el mismo suceso. Pero una frase conseguirá una reacción más favorable, la otra conseguirá que te den una bofetada.

Podemos obtener una gran diferencia en cuanto resultados si cambiamos el cómo describimos y explicamos las cosas.

Así que, pregúntate a ti mismo, ¿puedo re-posicionar mi oferta? ¿Puedo modificar cómo describo mi oferta? ¿Puedo usar palabras diferentes?

Aquí hay algunos ejemplos:

* "Nuestros productos nutricionales te ayudarán a estar en forma." El prospecto piensa que "estar en forma" involucra ejercicios, e inmediatamente rechaza tu oferta. En lugar de eso, podrías decir, "Nuestros productos nutricionales convertirán tu cuerpo en una máquina quema-grasa." Y ahora nuestro prospecto está emocionado debido a que puede visualizarse perdiendo peso mientras usa tus productos.

* "Podemos ayudarte a despedir a tu jefe." Suena bien para la mayoría de los prospectos, pero este prospecto tiene a su suegro como su jefe. Y no quiere perder la herencia. Tal vez podríamos decir, "Nuestro negocio te dará un aumento de sueldo y no le tienes que preguntar a tu jefe."

* "Únete ahora y califica para un crucero gratis." No sabemos que nuestro prospecto sufre de mareos. En lugar de eso, podríamos obtener una mejor respuesta diciendo, "Únete ahora y comienza a ganar cheques cada semana para que puedas tomar esas vacaciones que tanto has soñado."

* En lugar de decir, "Haré seguimiento semanal contigo hasta que finalmente decidas unirte a mi negocio." ...tal vez podríamos decir, "Vamos a mantenernos en contacto. Sé que hay algo que podremos hacer en un futuro."

* "Únete ahora y comienza a hacer una lista de 200 personas a las que te aterra llamar." Auch. Eso da miedo. Podríamos decir esto como alternativa, "Vamos a hablar con tu mejor amigo primero. A los amigos les gusta hacer cosas juntos."

Así que revisa por qué tus prospectos están diciendo "No." Muchas veces, sólo están diciendo "No" al cómo describimos la oferta.

En ese caso, un cambio simple en tu oferta puede cambiar ese "No" en un nuevo distribuidor o cliente.

"Necesito pensarlo."

Esta es la objeción más temida por los empresarios de redes de mercadeo al finalizar sus presentaciones. Pero en lugar de pensar en nosotros y nuestras intenciones, vamos primero a pensar en nuestros prospectos. Ellos están pensando,

"Odio tomar decisiones."

A nadie le gusta tomar decisiones. ¿Por qué tenemos este miedo?

Todos podemos recordar una mala decisión del pasado. El problema es que, recordamos esa mala decisión una y otra vez durante años. Ese recuerdo nos hace sentir mal.

Así que la primera razón por la que los prospectos no quieren tomar una decisión es debido a que no quieren sentirse mal si la decisión no funciona.

La segunda razón por la que tu prospecto odia tomar decisiones es que... los humanos odian el cambio. A los humanos les gusta lo que es cómodo. El cambio causa estrés. Por supuesto que tu prospecto quiere un cambio en su vida, pero no quiere cambiar personalmente para llegar ahí. Esto sólo es naturaleza humana.

Tercero, hemos sido entrenados por nuestro trabajo para no tomar decisiones. Si somos empleados, los pensamientos y las decisiones independientes pueden hacer que nos despidan.

Aquí hay un ejemplo.

Imagina que eres un empleado en un restaurante de comida rápida. Un cliente llega y dice: –Quiero una hamburguesa con ketchup en un lado y sólo un pepinillo en el otro lado.

Ahora, ¿qué estás pensando?

–Si hago esta hamburguesa especial para el cliente, ¿cuál será el lado positivo? No me darán un aumento. No parece haber ningún incentivo real para que yo haga esto para el cliente. Y si lo hago, y mi jefe se entera, se pondrá como loco. ¡Me va a despedir! No hay beneficio si hago esto, pero hay un gran lado negativo (quedar despedido) si lo hago. Le diré al cliente que yo no puedo tomar una decisión en esto.

Cómo tu prospecto trata de mantenerse a salvo.

Debido a que las decisiones significan algo malo para tu prospecto, él trata de evitar la decisión al decir: –Necesito pensarlo.– Y mientras el prospecto lo esté pensando, se siente seguro.

¡Pero eso no es verdad!

No tomar una decisión es… una decisión.

¡Vaya! Cuando no tomamos una decisión para cambiar, de hecho estamos tomando una decisión de permanecer en nuestra situación actual.

Por ejemplo, si me paro en medio de una avenida de alta velocidad, y un camión de carga viene directo hacia mí, podría decir lo siguiente: –Hmmm, ¿me muevo a la izquierda o, a la derecha? Tengo miedo de tomar una decisión, necesito pensarlo. Creo que mejor me quedaré donde estoy ahora.

Quedarme donde estoy y no moverme fuera del camino del camión de carga, es tomar la decisión de ser la víctima de un accidente a punto de ocurrir.

El tema es que todos toman decisiones todo el tiempo. Ya sea que tomemos la decisión de cambiar, o de permanecer donde estamos.

Retirarle a nuestro prospecto el lujo de "no tomar una decisión."

Así que nuestro prospecto dice: –Necesito pensarlo.– ¿Qué hacemos a continuación?

Le recordamos al prospecto que "pensarlo más" es realmente tomar una decisión de no cambiar, una decisión de mantener sus circunstancias actuales.

¿Cómo le decimos esto al prospecto de una manera amable que mantenga la afinidad y las puertas abiertas para una comunicación en el futuro? Fácil. Simplemente decimos:

–Está bien tomar la decisión de NO asociarte con nosotros y continuar trabajando en ese empleo por el cual no sientes pasión. Pero también está bien tomar la decisión de unirte hoy, y comenzar la cuenta regresiva para un aumento de sueldo instantáneo.

¿Qué hemos logrado con esas dos frases?

* Hemos hecho que el prospecto se sienta bien al decir "No por ahora."

* No hay presión de nuestra parte. El prospecto simplemente decide comenzar el cambio ahora, o continuar con su vida como actualmente es.

* Nos mantuvimos en afinidad. No incomodamos al prospecto al no seguir nuestros planes. Podemos continuar teniendo una buena conversación ahora mismo y en el futuro.

* Le mostramos las consecuencias de tomar la decisión de tardar o pensarlo más.

* Le mostramos las recompensas de tomar una decisión ahora.

Ahora, el prospecto debe de tomar una decisión. Él piensa: –Oh vaya. Debo de tomar una decisión. No puedo pretender que estoy aplazando una decisión. Necesito tomar una decisión ahora.

Y sea cual sea la decisión que el prospecto tome, nosotros estamos de acuerdo con su decisión. Es la vida del prospecto. Es él quien debe decidir el camino que quiere tomar.

Todo lo que hacemos es ofrecer una opción.

Si, le estamos dando al prospecto una opción. Es todo.

Así que no hay rechazo contra nosotros o nuestra oportunidad. No debemos sentirnos mal si la mejor opción en la vida del prospecto es no cambiar.

Veamos la fórmula para hacer estas dos frases.

Primera frase: "Está bien tomar la decisión de NO asociarte con nosotros y {menciona las consecuencias de no cambiar}."

Segunda frase: "Pero también está bien tomar la decisión de unirte hoy, y {menciona los beneficios de tu solución}."

Aquí hay algunos ejemplos de esta fórmula.

Primera frase: "Está bien tomar la decisión de NO unirte ahora y continuar con el tráfico hacia la oficina."

Segunda frase: "Pero también está bien tomar la decisión de unirte ahora, y comenzar a construir tu negocio en casa y posiblemente en dos años trabajar sólo desde tu sala."

Primera frase: "Está bien tomar la decisión de NO comenzar ahora y continuar enviando a los niños a la guardería."

Segunda frase: "Pero también está bien tomar la decisión de comenzar ahora, y si trabajamos duro juntos, posiblemente el próximo año puedas ya estar en casa con tus hijos."

Primera frase: "Está bien tomar la decisión de NO comenzar esta tarde y sentirte mal cada mañana cuando vas al trabajo porque no tienes un plan para escapar de la oficina hasta que te retires."

Segunda frase: "Pero también está bien tomar la decisión de comenzar esta tarde, y sentirte bien cada mañana porque sabes que estás un día más cerca de obtener la libertad de tiempo que siempre quisiste."

Primera frase: "Está bien tomar la decisión de NO comenzar de inmediato y continuar pasando las vacaciones de familia en el departamento de tu suegra."

Segunda frase: "Pero también está bien tomar la decisión de comenzar de inmediato y hacer crecer un cheque de medio tiempo, para que puedas tomar esas vacaciones familiares de las que me platicaste en tu sueño."

Primera frase: "Está bien tomar la decisión de NO comenzar esta noche y continuar pasando el tiempo en busca de un plan para escapar de tu trabajo.

Segunda frase: "Pero también está bien tomar la decisión de comenzar esta noche, y comenzar a trabajar en tu plan de escape construyendo tu propio negocio un poco cada día."

Primera frase: "Está bien tomar la decisión de NO comenzar esta noche y continuar con la esperanza de que el gobierno mágicamente suba las pensiones para el retiro."

Segunda frase: "Pero también está bien tomar la decisión de comenzar esta noche, y empezar a construir este negocio de medio tiempo para que en un año posiblemente estés duplicando tu pensión."

Primera frase: "Está bien tomar la decisión de NO comenzar este negocio y continuar levantándote a las 5:45

todas las mañanas para asistir a un trabajo por el que no sientes pasión."

Segunda frase: "Pero también está bien tomar la decisión de comenzar este negocio y construir un ingreso adicional para que le puedas vender el despertador a tu vecino."

¿Qué hay sobre las ventas?

Si estuvieses usando estas dos frases para un producto o servicio, la fórmula sería:

Primera frase: "Está bien tomar la decisión de NO comenzar a usar nuestro producto ahora y {menciona las consecuencias de no cambiar}."

Segunda frase: "Pero también está bien tomar la decisión de comenzar a usar nuestro producto ahora y {menciona los beneficios de nuestra solución}."

Recuerda, todo lo que queremos es hacer que el prospecto sepa que tiene opciones, y que está tomando decisiones todo el tiempo. Veamos algunos ejemplos de productos y servicios.

Primera frase: "Está bien tomar la decisión de NO comenzar con nuestro programa de dieta ahora y continuar con el mismo peso, con la esperanza de que algo cambie."

Segunda frase: "Pero también está bien tomar la decisión de comenzar con nuestro programa de dieta ahora, para que en 30 días puedas pesar unos 6kg menos y tengas mucha más energía."

Primera frase: "Está bien tomar la decisión de NO comenzar con el régimen nocturno de nuestra crema mágica ahora y continuar preocupándote por las arrugas cada noche antes de ir a dormir."

Segunda frase: "Pero también está bien tomar la decisión de comenzar con el régimen nocturno de nuestra crema mágica ahora para que puedas ver qué tan joven luces dentro de 30 días."

Primera frase: "Está bien tomar la decisión de NO cambiar de proveedor de energía eléctrica y seguir pagando las mismas tarifas elevadas."

Segunda frase: "Pero también está bien tomar la decisión de dejar que nosotros seamos tu nuevo proveedor de electricidad y dejar que te enviemos facturas más bajas, para que puedas usar ese dinero comprando algunos regalos para los nietos."

Primera frase: "Está bien tomar la decisión de NO unirte a nuestro club de viajes esta noche, y continuar pagando demasiado en tus vacaciones."

Segunda frase: "Pero también está bien tomar la decisión de unirte a nuestro club de viajes esta noche, y comenzar a tener vacaciones de cinco estrellas por el precio de una noche de hotel regular."

Primera frase: "Está bien tomar la decisión de NO usar nuestros limpiadores naturales que cuidan el medio ambiente y hacen que tu casa sea más segura para cuando te visiten los nietos."

Segunda frase: "Pero también está bien tomar la decisión de comenzar a usar nuestros limpiadores naturales concentrados y unirte a las demás familias que están contribuyendo a mejorar el ambiente en nuestra área."

No se requiere imaginación.

La clave de estas frases es saber escuchar bien. No necesitas una enorme imaginación ni saber leer los pensamientos. Todo lo que necesitas hacer es escuchar las necesidades y lo que quiere tu prospecto, y sabrás exactamente qué decir para ayudar a que tu prospecto tome una decisión.

Esto es divertido, es libre de rechazo, y nunca habrá malos sentimientos con tu prospecto.

El seguimiento puede ser divertido cuando sabemos qué decir y qué hacer.

Escuchando por pistas.

El propósito de un negocio es resolver problemas. Probablemente lo recuerdas de mi libro *Rompe el Hielo*. Si nuestros prospectos no tienen problemas, entonces no hay razón para que nuestro negocio exista.

Así que cuando hacemos seguimiento, todo lo que realmente debemos de hacer es encontrar cuál es el problema que les molesta, y ver si nuestra oportunidad, producto o servicio les puede ayudar a resolver su problema. Suena fácil, ¿no es así?

Encuentra su problema, luego resuélvelo.

Aquí está donde todo sale mal. Tratamos de resolver sus problemas antes de saber cuales son.

¿Cómo se ve eso en la vida real?

Si estamos dando nuestra presentación, estamos proveyendo una solución. Así que dar la presentación es algo secundario. Lo primero que debemos de hacer es encontrar cuál es el problema. Y eso solamente se puede conseguir al escuchar.

Escuchar es una habilidad. Y escuchar a fondo es una habilidad estupenda para el seguimiento. Cuando escuchamos más allá de las palabras, encontramos las pistas y el criterio que nuestro prospecto usa para tomar sus decisiones.

El orden correcto es éste:

#1. Escuchar.

#2. Solución.

Se ve asombrosamente simple, pero los empresarios de redes se emocionan tanto sobre su oportunidad, productos y servicios, que saltan de inmediato a la solución y pierden las pistas que necesitan para mover a sus prospectos hacia adelante.

Veamos cómo las pistas aparecen en la conversación siguiente. Tu prospecto responde a tu llamada de seguimiento al decir:

–Todavía necesito pensar las cosas. No tengo suficiente tiempo libre. Mi hija me ocupa la mayoría del tiempo con sus actividades escolares.

Ahora, cuando escuchamos esta conversación en un nivel superficial, suena como si el prospecto no tuviese tiempo.

Pero escucha más a fondo. ¿Qué pista nos está dando el prospecto? El prospecto nos está diciendo que su hija es demasiado importante y merece su valioso tiempo. Y disfruta del tiempo que pasa con su hija.

Con este profundo entendimiento, nuestra conversación puede continuar. Podemos mover a este prospecto más cerca de unirse al decir: –¿Cómo te sentirías al tener un ingreso completo en este negocio, para que tengas el tiempo de atender todas las actividades escolares de tu hija?

Ahora estamos hablando de los problemas reales que el prospecto experimenta en su mente. Esta comunicación más profunda crea una afinidad más sólida y una mejor confianza con nuestro prospecto, y lo podemos ayudar mejor.

Vamos ahora a practicar escuchar. Aquí hay algunas conversaciones de seguimiento con prospectos. Escucha las pistas que indican lo que están realmente pensando. Y luego, continúa con esta pequeña frase:

"¿Cómo te sentirías al...?"

El escéptico.

–No estoy seguro sobre la empresa. Y no estoy seguro que las personas quieran pagar tanto por tus servicios. Las personas son avaras y quieren el mejor precio.

Este escéptico tiene barreras con los precios. Si tienes un gran valor en tus productos, podrías decir:

–¿Cómo te sentirías al saber que fuimos votados #1 en mayor valor por la revista de negocios de la industria? Reportaron que nuestros clientes recibieron el mejor precio y servicio el año pasado.

El ejecutivo atareado.

–No quiero andar jugando con un negocio chico. Necesito enfocarme en dinero de verdad. Mi estilo de vida necesita un salario nivel ejecutivo.

Este atareado ejecutivo quiere escribir su propio cheque. No quiere que le digan cuánto puede ganar. Tal vez podrías decir esto:

–¿Cómo te sentirías al saber que tienes tu propio negocio, donde eres tu propio jefe, y donde finalmente puedes escribir el cheque que te mereces?

Esto es de lo que el ejecutivo realmente quiere hablar.

El empleado temeroso.

–No conozco a nadie, y nunca he tenido mi negocio propio. No creo que esto vaya a funcionar para mí."

Este temeroso empleado quiere los beneficios de un negocio de medio tiempo, pero nos está diciendo que no tiene la confianza, que no puede hacerlo solo. Podrías decir esto:

–¿Cómo te sentirías al tener un socio y mentor de tiempo completo, alguien que trabaje contigo lado a lado hasta que estés ganando $1,000 extras al mes?

Sí, esta es la conversación que el empleado temeroso quisiera tener contigo.

¿Qué podrías decir si el prospecto es callado?

Algunas veces queremos escuchar, pero nuestro prospecto no quiere hablar. El prospecto es muy reservado y no nos da ninguna pista sobre lo que tiene en su mente.

Aquí hay algunos ejemplos de frases de apertura que pueden ayudar a tu prospecto a sentirse cómodo para comenzar a hablar más:

* Ayúdame a entender cómo un ingreso adicional cambiaría tu vida.

* Si estuvieses ganando $500 extras cada mes, ¿cómo los usarías?

* ¿Cuál sería el primer lugar que visitarías en tus vacaciones si pudieses ir a cualquier parte?

* ¿Cuál es la razón más importante por la que deseas perder peso?

Todas estas son preguntas abiertas y frases que no pueden ser respondidas con una palabra. Hacer que tu prospecto hable hace que el escuchar sea mucho más fácil.

Sí, escuchar lo hace fácil.

Si escuchas detenidamente, tu prospecto pensará que estás leyendo su mente. Tus conversaciones serán mejores, tu afinidad será más profunda, y ahora podrás mover al prospecto hacia la respuesta del problema real.

Es imposible resolver el problema si no sabemos cuál es.

Primero escucha. Luego, resuelve el problema.

Sé incompetente al procrastinar.

Procrastinación, como cualquier hábito, se puede hacer mal. Y tú quieres ser terrible en cuanto a procrastinar se refiere. ¿Así que cómo lo arruinas todo al procrastinar?

Con mini-hábitos.

Los mini-hábitos destruyen la procrastinación y el miedo. Cuando estés enfrentando una tarea que detestes, simplemente aplica mini-hábitos.

Aquí está cómo funciona.

Primero, establece el mínimo esfuerzo que tomaría el completar la tarea. En este caso, si estás dejando de lado hacer llamadas de seguimiento, establece la tarea mínima en: "Hacer una llamada de seguimiento".

Eso es todo. Esa es la tarea completa.

Ahora, esta tarea se ve realmente muy pequeña. Sería más fácil realizar esta sola tarea, "Hacer una llamada de seguimiento," que hacer el esfuerzo de preocuparte y dejar de lado tu rutina diaria de seguimiento. Aquí está la elección en tu mente:

1. Sólo haz una llamada de seguimiento, o

2. Preocúpate por la llamada, sufre angustia por un rechazo, y almacena toda esa preocupación en tu cabeza durante toda la tarde y noche.

¿Qué es lo que harías?

Harías esa pequeña llamada de seguimiento y tu tarea del día estaría completamente terminada. Eso es todo. No importa si nadie respondió tu llamada, si te enviaron al buzón de voz, o si alguien habló contigo. Todo lo que importa es que haz hecho esa pequeña llamada.

Pero, aquí está el secreto.

Una vez que te sientas y haces la primera llamada telefónica, es fácil hacer otra llamada mientras tengas tu lista de seguimiento frente a ti. Y entonces la inercia aumenta.

Algunos días haces esa única llamada de seguimiento y terminas. Otros días, la inercia de la primera llamada te empuja a horas de conversaciones de seguimiento con tu lista de prospectos.

Así que, manténlo fácil. Sólo realiza ese mini-hábito de una llamada de seguimiento.

La culpa y preocupación desaparecen. No más miedos. No más sentimientos negativos ni huir de la experiencia.

Los mini-hábitos son geniales, y pueden destrozar totalmente la procrastinación.

El miedo al teléfono es real.

Es fácil que alguien diga: –Oh, no le tengas miedo al teléfono. ¡No muerde!

Tal vez el teléfono no muerde, pero el rechazo potencial de una llamada de seguimiento es suficiente para dejarnos paralizados. Reaccionamos ante este miedo con excusas tales como:

* Es muy temprano para llamar.

* Es muy tarde para llamar.

* El prospecto debe de estar comiendo.

* El prospecto podría estar agotado después de un largo día en el trabajo.

Sí. Nuestro miedo al teléfono continúa. Nuestro líder trata de ayudar al contarnos historias sobre héroes que fracasaron. Dicen cosas como: –Babe Ruth hizo 1,330 strikes (rechazo) y conectó 714 jonrones (éxito) en su carrera. ¿No es esa una historia inspiradora?

No, no es una historia inspiradora. Babe Ruth se sintió mal 1,330 veces. ¡Nosotros no queremos sentirnos mal! ¡Queremos evitar el rechazo!

Cómo garantizar el rechazo.

Muchas veces creamos el rechazo al hacer preguntas directas que acorralan a nuestro prospecto contra la esquina. A nadie le gusta que lo pongan a la defensiva. Aquí hay algunas preguntas y frases que pondrán incómodos a tus prospectos:

* –Bien, ¿ya por fin te decidiste?

* –Sólo te llamé para ver si ya estás listo para comenzar.

* –Si no te afilias hoy, perderás el tsunami del momentum.

* –Tienes que entrar ya para que pueda poner 100 personas en tu grupo.

* –Todas las veces que alguien escucha sobre nuestro producto, lo compra. ¿Quieres perderte todo ese dinero?

* –La industria nunca ha visto una compañía como esta. Estamos proyectados a ser los #1. No seas un perdedor y dejes pasar esta oportunidad.

Estas frases lógicas y emotivas no sirven. Estas técnicas de venta de alta presión son de los vendedores de puerta en puerta de los 60's. No tienen lugar en el mundo actual. Los prospectos se sienten presionados por estas frases y toman la decisión de "Nunca jamás volveré a responder una llamada de esta persona. Esto es estresante, de mal gusto y humillante."

Así que, los prospectos nos dicen "No" en una variedad de maneras, sólo para soltar el teléfono. Ellos inventan excusas y dicen:

* –No es para mí. Yo no hago ese tipo de cosas.

* –Necesito platicarlo con mi abogado, mi esposa, mis amigos y las ardillas del jardín trasero.

* –El tiempo no es el mejor para mí. Hoy no luce como un buen momento, y mañana tampoco se verá bien.

* –Acabo de enterarme que un negocio de tiempo parcial está en contra de las políticas de mi jefe.

* –No tengo nada de tiempo. Acabo de comprar la temporada completa de mi telenovela favorita.

* –Tengo miedo de comenzar a ganar mucho dinero, porque voy a tener que pagar muchos impuestos.

Cómo evitar el rechazo.
Técnica #1: Entrega valor.

Cuando entregas valor, los prospectos esperan con gusto tu llamada. Ellos saben que cuidas primero sus intereses, y ellos están recibiendo algo valioso como resultado. Tus conversaciones telefónicas pueden sonar algo como esto:

–Hola John, soy el Distribuidor José. Hablamos brevemente la semana pasada sobre mi negocio de nutrición, y acabo de recibir boletos gratis para la Feria de Alimentos Naturales de este año. ¿Estaría bien si te envío algunos boletos para que tú y tu familia puedan disfrutar de la feria?

–Hola John, soy el Distribuidor José. Cuando estuvimos en la junta de oportunidad la semana pasada, mencionaste que ahorrar dinero era importante para ti y tu familia. Bien, el contador más especializado en impuestos de todo el estado dará un seminario gratuito el viernes. Pensé que te gustaría asistir. Aquí están los detalles...

–Hola John, soy el Distribuidor José. La semana pasada que hablamos, tenías que salir pronto para recoger a tus hijas de la escuela. Yo sé que estás muy atareado, pero quiero saber si te gustaría que te enviara una copia del nuevo CD, *Crea Riqueza Mientras Duermes*.

¿Estás haciendo un cierre con tu prospecto en esta llamada telefónica? No. ¿Estás creando afinidad y manteniendo abiertas las líneas de comunicación? Sí. Tus prospectos no tendrán pavor de tus próximas llamadas porque pueden ver que estás agregando valor a sus vidas.

Algunas veces toma un poco de tiempo para que el prospecto se sienta cómodo contigo. Cada impresión o encuentro mueve al prospecto más cerca de una mejor relación contigo y tu oportunidad.

Con frecuencia escuchas a los distribuidores que se quejan: –Nadie contesta las llamadas. Siempre dejo mensajes de voz, y aún así nadie regresa mis llamadas.

Bueno, la razón número uno por la que los prospectos no regresan tus llamadas es porque... ¡no quieren hablar contigo!

Tienen miedo de que algún desconocido que sólo piensa en sí mismo les llame y los presione con algún guión de ventas. No desean perder tiempo al teléfono con vendedores groseros y egoístas.

Entregar valor es una manera de hacer que los prospectos regresen tus llamadas.

Cómo evitar el rechazo.
Técnica #2: Actualiza y pide un favor.

En el libro *Cómo Ganar Amigos E Influir Sobre Las Personas*, Dale Carnegie nos enseñó que una de las mejores maneras de ganarse a otra persona era pedir un favor.

Es magia.

Así que en lugar de presionar a nuestro prospecto para tomar una decisión, podemos darle a nuestro prospecto una breve y no amenazante actualización, y luego pedirle un pequeño favor. ¿Quieres un ejemplo? Puedes decir:

–Hola John, soy el Distribuidor José. Nuestra compañía acaba de anunciar que nuestra convención anual será en Hawai. ¿Tienes parientes ahí, verdad? Sólo quiero saber si les podrías preguntar sobre los mejores lugares para visitar en Hawai. Quiero estar seguro de que mi esposa y yo no nos perdamos de algo bueno.

Breve actualización, y después un pequeño favor. Fácil.

Y si John quiere ir a Hawai gratis, sabe que puede preguntarte sobre cómo calificar.

Ahora, la actualización que haces con tu prospecto no tiene que ser totalmente nueva. Cualquier noticia funcionará. Prácticamente todo lo que actualices sobre tu negocio será nuevo para tu prospecto, así que deberías de tener bastantes ideas sobre qué decir.

Cómo evitar el rechazo.
Técnica #3: Establece un acuerdo y pide una referencia.

Parte Uno: Menciona que está bien el no actuar ahora.

Parte Dos: Pide una referencia.

Aquí hay un ejemplo de esta técnica.

Ejemplo #1: –Hola John, soy el Distribuidor José. Ya sé que no tienes interés en ingresar a nuestro negocio pero, ¿podrías hacerme un favor? Nuestra compañía acaba de lanzar un programa para un viaje gratuito y me preguntaba, ¿conoces a alguien que le guste viajar?

Ahora, muchas cosas están ocurriendo en este ejemplo.

Primero, cuando dices: –Ya sé que no tienes interés en ingresar a nuestro negocio,– tu prospecto se siente aliviado. Tu prospecto piensa: –¡Oh, esto es genial! ¡No va a tratar de convencerme! Ya me siento mejor.

Segundo, cuando dices: –...pero, ¿podrías hacerme un favor?– Tu prospecto piensa: –Vaya, eres una persona muy agradable. No intentaste venderme algo ni obligarme a tomar una decisión cuando hablaste. Por supuesto, me encantaría hacerte un favor.

Tu prospecto se siente bien con tu llamada telefónica. Y tu prospecto tiene tres opciones:

#1. Darte una buena referencia de alguien que le fascina viajar.

#2. Decir: –Oye, puede que eso me interese. A mi me encanta viajar. ¡Charlemos!– Hmmm, algunas veces la situación cambia para nuestro prospecto, y ahora el negocio es una buena opción.

#3. Decir: –Gracias por llamar, pero no, no conozco a nadie que le guste viajar. Te avisaré si pienso en alguien.

En las tres opciones, las líneas de comunicación se mantienen abiertas. No has ofendido a tu prospecto ni has provocado que el prospecto rechace tus llamadas en el futuro.

Otro ejemplo de esta técnica.

Me gusta este ejemplo todavía más. Todo lo que tenemos que hacer es cambiar la primera frase de:

"Ya sé que no tienes interés en ingresar a nuestro negocio pero, ¿podrías hacerme un favor?"

A:

"Ya sé que **el tiempo no era el adecuado** cuando hablamos sobre mi negocio pero, podrías hacerme un favor?"

En esta segunda frase, **asumimos** que el prospecto se va a unir con nosotros en el futuro, cuando el tiempo del prospecto sea mejor. Esto facilita el hablar sobre el negocio nuevamente, pero por lo pronto mantiene al prospecto libre y tranquilo.

Así que nuestra conversación ahora suena como esto:

–Hola John, soy el Distribuidor José. Ya sé que **el tiempo no era el adecuado** cuando hablamos sobre mi negocio la última vez pero, ¿podrías hacerme un favor? Nuestra compañía acaba de introducir un bono de inicio rápido, de tal forma que un nuevo distribuidor puede ganar $1,500 en sus primeros 30 días. ¿Conoces a alguien que le puedan servir $1,500 extras en los próximos 30 días?

Y luego te relajas y escuchas hablar a tu prospecto. Fácil. Y de bajo perfil.

O, tal vez suena como esto:

–Hola John, soy el Distribuidor José. Ya sé que **el tiempo no era el adecuado** cuando hablamos sobre nuestro producto Baja-Pronto pero, ¿podrías hacerme un favor? ¿Conoces alguien en tu negocio que este trabajando para perder peso? Este mes la compañía está obsequiando una agenda alimenticia con todas las compras de producto.

El lado positivo del seguimiento sin rechazo.

Hiciste seguimiento con tus prospectos. No los presionaste en exceso o los hiciste que quieran evitar tus llamadas en el futuro. De hecho, tus prospectos disfrutaron de tu llamada.

Les compartiste algunas noticias, pediste un pequeño favor o referencia, o les diste más valor en sus vidas. Al hacer esto, creaste un mejor y más fuerte lazo con tus prospectos.

Ya sea que decidan hacer negocios contigo o no, aún así habrás abonado sobre tu mejor activo en esta vida, tus relaciones con las otras personas.

Relájate, no se trata de ti.

Tienes una pizarra de visión dorada, con todas las cosas que quieres de tu negocio. Tu plan de acción está pegado al espejo del baño. Tu lista de tareas es actualizada diariamente. Puedes casi oler el inminente éxito en tu negocio.

Sólo un problema.

Miedo.

Miedo al teléfono, miedo a hablar con prospectos, miedo al rechazo, y sí, miedo al seguimiento.

¿Por qué todo este miedo?

Porque sólo piensas en ti mismo.

Te preocupa si le agradas al prospecto, o si el prospecto dirá "No." Estás completamente enfocado en **tus** sentimientos.

Piensa en tu prospecto.

Es fácil librarse de todos estos sentimientos al simplemente enfocar tu energía mental en servir a tus prospectos. Cuando estás enfocado en tus prospectos no hay espacio en tu cabeza para ti y tus sentimientos.

Prueba este ejercicio mental antes de hacer seguimiento con tus prospectos. Di esto para ti mismo:

* Quiero responder las preguntas de mi prospecto.

* Quiero ayudar a mi prospecto a cambiar su vida.

* Quiero que mi prospecto se sienta confiado sobre intentar un nuevo negocio.

* Quiero que mi prospecto se sienta confiado de que estoy aquí para ayudarlo a comenzar.

* Yo se que mi prospecto quiere un cambio en su vida. Voy a compartir mi oportunidad para que tenga opciones.

* Quiero que mi prospecto sepa que me importa lo suficiente para hacer seguimiento.

* Quiero que mi prospecto sepa que le importa a alguien.

* Mi obligación es hacerle saber al prospecto sobre mi oportunidad. El resto depende del prospecto.

¿Te sientes diferente?

Este pequeño ejercicio de enfocar todos tus pensamientos por completo en tu prospecto no le deja espacio en tu mente al miedo. Es Fácil de hacer, y te sentirás mucho mejor de inmediato.

Tu prospecto responderá más favorablemente a tu oportunidad debido a que percibe tu preocupación e interés en ellos.

Así que, en lugar de cantar afirmaciones, mientras miras tu pizarra de visión, y piensas en todas las cosas que quieres, simplemente haz que toda tu conversación sea respecto al prospecto.

Sólo piensa en tu seguimiento como un servicio al prospecto. Piensa, "Mi obligación sólo es informar y ayudar al prospecto. Depende del prospecto tomar la decisión si ahora es el momento de mejorar su vida, o no."

Al removerte de tus pensamientos, y colocar tus pensamientos sobre el prospecto, el miedo y la procrastinación desaparecen.

¿Necesitas algunas palabras fáciles que puedas decir que refuercen este enfoque?

Prueba estas frases:

* "Esto puede o puede que no sea para ti.

* "El tiempo es personal. Depende de ti decidir cuando quieres dar el paso."

* "Aquí está lo que hacemos. Mira si es algo para ti."

* "¿Qué te gustaría saber primero?"

* "¿Qué te gustaría saber ahora?"

* "¿Te gustaría saber cómo otros manejaron ese problema?"

* "Ya sea que tomemos la decisión de ir hacia adelante o quedarnos donde estamos. Solo tú sabes qué es mejor para ti."

No sólo estas frases te hacen sentir cómodo, también le hacen sentir al prospecto que te preocupas por él.

Ahora las conversaciones de seguimiento se pueden sentir mejor.

Sé el experto.

¿Te sientes incómodo hablando con prospectos? ¿Te sientes intimidado cuando los prospectos preguntan algo o te dan objeciones? Nuestro diálogo interno algunas veces se degrada hacia preguntas como:

* ¿Qué pensarán de mí?

* ¿Qué hay si hago el ridículo?

* ¿Qué pasa si olvido algún detalle?

* ¿Qué tal si les doy la información incorrecta sobre algún producto?

* ¿Qué pasa si la presentación del plan de pago no me sale perfecta?

Todos queremos más auto-confianza, pero el miedo es una emoción poderosa. Así que, ¿cómo superamos nuestros miedos de hablar con prospectos?

Al convertirnos en expertos dentro de nuestro negocio.

Nos sentimos confiados cuando sabemos más que nuestros prospectos. ¿Quieres un ejemplo?

Imagina que mañana te piden que hables sobre cirugía cerebral frente a 100 estudiantes de medicina, recién graduados. El problema es que no sabes nada sobre cirugía cerebral. ¿Ya te sientes ansioso?

Buscas en internet para aprender algunos términos médicos y palabras largas. Tratas de memorizar algunos datos importantes, pero es demasiado. Estás pensando: –¿Y qué tal si me hacen una pregunta? ¿Qué tal si se dan cuenta de que no se nada? ¿Qué tal si comienzan a quejarse de mí a media conferencia?

Tú sabes que los estudiantes de medicina saben más que tú. Esto se va a poner feo. Te aterra el pensamiento de comenzar con tu charla. Comienzas a pensar en excusas para evitar tu charla.

¿Suena familiar?

Pero también imagina este escenario.

Tu hijo está en primer grado. La maestra de tu hijo te pide que vayas al salón y hables sobre cómo hacer el nudo de los zapatos. Ahora, esto va a ser fácil. No hace falta que memorices nada. Has atado tus zapatos miles de veces antes. No necesitas una presentación PowerPoint. Puedes dar esta charla sin leer tus notas.

¿Cómo te sientes? ¿Más confiado? No estás preocupado porque los niños de primer grado te hagan preguntas. Estás listo de inmediato.

El día siguiente llegas al salón. Los niños están emocionados. Aquí tienen a alguien nuevo que les va a hablar de algo. Esto va a ser genial.

Si los niños tienen alguna pregunta, estás más que listo. Ellos perciben tu confianza. ¡Eres una estrella!

Los niños practican. Se divierten mucho.

¿Y tú? Nunca te preocupaste ni te importó lo que los niños pensaran de ti. Estabas enfocado solamente en darles valor.

Ah, la vida es buena cuando eres un experto.

¿Y qué hay de tu negocio?

Sabes más de tu negocio que la mayoría de tus prospectos. Ante sus ojos, tú eres el experto. Ellos nunca han asistido a un entrenamiento de tu compañía, y seguramente no saben sobre tus productos o plan de compensación. Tú sabes más que ellos.

Así que, lleva esa confianza contigo cuando hables con los prospectos.

¿Quieres tener todavía más confianza? Bueno, eso es fácil. Sólo aprende más habilidades dentro de tu negocio, y tus prospectos percibirán que eres un profesional competente.

Ningún prospecto quiere seguir a alguien que es incompetente, que no sabe a dónde se dirige, y no tiene las habilidades para llegar ahí.

Así que, entre más habilidades tengas, más fácil será hablar con prospectos y ayudarlos a que se incorporen a tu negocio.

72

Conflicto verbal.

Hay un viejo dicho, "Puedes ganar la batalla, pero perder la guerra."

Seguro, puedes usar palabras para acorralar a tu prospecto, atraparlo, e incluso, usar sus propias palabras en su contra. Sí, puedes tener la razón. Puedes salir victorioso.

Y tu prospecto nunca responderá tus llamadas. Jamás.

Para hacer que el seguimiento sea civilizado y que todos lo disfruten, no necesitamos convertirnos en una máquina de cierres de alta presión. ¿Por qué? Debido a que si haces un cierre con tu prospecto en contra de su voluntad, este es un negocio sólo para voluntarios. Tu prospecto renunciará a la primera oportunidad.

El cierre cobra un nuevo significado
en redes de mercadeo.

Esto no es una venta de una ocasión. Esto puede formar relaciones que duren para toda la vida. Un cierre rápido de alta presión no es lo apropiado.

Tú quieres que tu prospecto desee tu oportunidad. Quieres que tu prospecto esté emocionado para comenzar. Esto no ocurrirá si presionas, empujas, avergüenzas y obligas a tu prospecto a unirse.

¿Qué es el conflicto verbal?

Piensa en la diferencia entre una conversación amistosa, y una batalla de inteligencias. En una batalla de inteligencias, tu prospecto no te está escuchando siquiera. Mientras estás hablando, el prospecto está pensando sobre lo que va a decir para respaldar su posición. No está escuchando. Se puede poner feo.

Acorralar al prospecto o manipular lo que dice es antisocial. Ahora, eso no es bueno para un negocio que requiere relaciones.

Aquí hay algunas frases que pueden desencadenar un conflicto verbal. Ahora, hay lugares en tu negocio para algunas de estas frases, pero considera cómo el prospecto se sentiría si utilizaras estas frases en una llamada telefónica de seguimiento, en las primeras etapas de la relación.

* "Bien, ¿quieres comenzar ahora o continuar esperando?"

* "Sólo tengo tiempo para jugadores serios. ¿Estás en serio?"

* "¿Qué es lo que hará que tomes una decisión hoy mismo?"

* "Bueno, me prometiste que verías el video, ¿correcto? Eres una persona que mantiene su palabra, ¿no es así?"

* "Los ganadores ganan. Los perdedores esperan. ¿Qué esperas?"

* "¿Estás dentro o estás fuera?"

* "Si te mostrara cómo comenzar a ganar ingresos ahora, ¿estarías listo para comprometerte hoy?"

* "Me comentaste que querías un negocio. Pero ahora tienes dudas. ¿Me está faltando algo?"

Todas estas frases o preguntas pueden irritar o ser interpretadas erróneamente por nuestros prospectos. ¿Por qué correr riesgos?

¿Qué es lo opuesto al conflicto verbal?

En lugar de participar en conflictos verbales, enfócate en lo que tú y tu prospecto tienen en común. Creas afinidad estando de acuerdo, no a través del conflicto.

¿Y qué es lo que tú y tu prospecto tienen en común? Habla sobre lo que tienen en común. Algunos ejemplos:

* "Bueno, todos detestamos cómo nuestro trabajo en la oficina ocupa demasiado de nuestro tiempo."

* "Todos buscan cambios que mejoren sus vidas."

* "Ciertamente es duro salir adelante solamente con un cheque."

* "Nadie sabe cómo hacer un negocio antes de comenzarlo."

* "A veces, el paso más difícil es el primero."

* "Tener el control de nuestro tiempo es importante."

* "La vida no dura para siempre."

* "Nunca existirá el "momento perfecto" para empezar."

* "Me sentí exactamente igual cuando vi esto por primera vez."

* "La mayoría de las personas tiene las mismas preocupaciones."

Redes de mercadeo es un negocio de relaciones, no una transacción de una sola ocasión. Las relaciones toman tiempo. Los conflictos verbales durante el seguimiento inicial pueden retrasar o inclusive arruinar esa relación.

Enfócate en lo que tienen en común, y esos serán los cimientos para construir tus relaciones.

Cómo mejorar tu postura frente a los prospectos.

Los prospectos pueden olfatear la desesperación. ¡Auch!

Cuando tenemos un número limitado de prospectos, nos tensionamos. Si tenemos sólo un prospecto, pensamos: –Oh no, no ofendan a este prospecto, ¡porque no tengo otros y estoy acabado!– y solamente conversamos tonterías y nunca le preguntamos si quiere hacer un compromiso.

Los prospectos perciben nuestra postura débil y pierden la confianza en nosotros. Verás, los prospectos están buscando:

1. Alguien a quién seguir.

2. Alguien que sabe a donde se dirige.

3. Alguien que tenga las habilidades para llegar ahí.

A los prospectos no les gusta la situación en la que están. Es por eso que les interesa nuestra oportunidad.

Así que, ¿cómo le das esa confianza a tus prospectos?

¿Cómo consigues una postura con mayor confianza?

Teniendo más prospectos.

Cuando estás ocupado, con demasiadas personas con quien hablar, no estás ligado a la decisión de ningún prospecto en particular.

Estás muy ocupado decidiendo cuál de tus prospectos está listo ahora. Ahora cada prospecto siente que necesita calificar para conseguir tu atención. Los prospectos ahora te buscan, queriendo integrarse a tu inercia.

No les estás pidiendo nada, ni suplicando como pordiosero para que se unan. En lugar de eso, simplemente les estás mostrando a tus prospectos que tienes un destino, y que pueden unirse contigo o quedarse atrás.

Esto cambia la conversación. Los prospectos quieren estar con alguien que tiene un destino. Comienzan a hacerte "preguntas de compra", tales como:

* –¿Cómo me dijiste que se llama el producto?

* –¿Cuánto cuestan los diferentes paquetes?

* –¿Cómo puedo recuperar mi inversión o ganar mi primer cheque?

* –¿Cómo puedo ganar $500 este mes?

* –¿Cuándo es la próxima reunión?

* –¿Me puedes ayudar a comenzar con esto?

* –Quiero saber más sobre…

Más prospectos.

Este es el camino más simple y seguro para conseguir una mejor postura. Así que si te sientes intimidado o tímido con los prospectos, inmediatamente consigue más prospectos para contactar. Ahora no estarás preocupado si uno de ellos decide no unirse o comprar. Tienes bastantes más prospectos con quién hablar.

Así es, los prospectos pueden olfatear tu desesperación.

No desesperes.

No eres el centro del universo.

Es hora de hacer seguimiento con ese importante prospecto. En la última conversación, le dijiste a tu prospecto:

1. Tengo el mejor plan de pagos.

2. Tengo el mejor producto.

3. Tengo los mejores testimonios jamás creados.

Y ahora, tu prospecto admite que ha olvidado todas esas cosas tan importantes que le has dicho. Encima de eso, ¡tu prospecto no ingresó a tu página web, ni escuchó los testimonios, ni ha visto el video de presentación que le enviaste!

Primera regla de la afinidad: Que se te resbale.

No avergüences a tu prospecto diciendo cosas como:

* –Tú prometiste que lo verías.

* –¿No comprendes lo importante que es este momento?

* –Nada más tengo tiempo para gente seria.

* –¿Recuerdas la promoción para súper estrellas que te presenté?

* –¡Se te va a ir el tren!

* –No puedo creer que no lo comprendas.

Hey, este no es un prospecto al cual le venderás una sola ocasión y nunca volverás a ver de nuevo. Ojalá que sea una relación a largo plazo. Todas las frases anteriores activan la "alarma contra vendedores". Seguro, un cierre de alta presión puede servir el día de hoy, pero mañana, ese prospecto no responderá tus llamadas.

¿Qué puedo decir cuando esto ocurre?

"Te entiendo."

Sí, esta es una frase completa. Cuando dices que lo entiendes, estás de acuerdo con tu prospecto. A las personas les gustan las personas que están de acuerdo con ellos. Si entras en acuerdo, entonces hay una comunicación abierta. Entrar en desacuerdo cierra las mentes.

Entrar en acuerdo le dice a tu prospecto que estás de su lado y que respetas su punto de vista. No estás forzando al prospecto a que piense como tú.

Probablemente has escuchado el viejo dicho que dice que tenemos dos orejas y una boca, así que debemos de escuchar el doble de lo que hablamos. Esta corta frase de dos palabras, "Te entiendo," permite de inmediato que el prospecto hable sobre lo que tiene en mente.

Recuerda, somos solucionadores de problemas. Deja que el prospecto hable para que sepas cuál es el problema que necesitamos resolver.

¿Qué es lo que dices si el prospecto permanece en silencio?

Ya que el prospecto nos ha olvidado, junto con todo lo que le hemos dicho, podemos retomar la conversación al hacer esta simple pregunta.

"¿Qué te gustaría saber primero?"

En este momento el prospecto revelará si está interesado genuinamente, o si no es su momento para asociarse. El prospecto te dará una "señal de alto" o una "señal de compra", así que escucha atentamente.

¿Cómo es una "señal de alto"?

Es rudo decir "No" directamente a una persona, así que tu prospecto usará una "señal de alto" como:

* No estoy interesado.

* No tengo tiempo.

* Por favor no me llames.

* No, gracias.

Entiende la indirecta. El prospecto está diciendo "No por ahora" y eso está bien. Tal vez no tenías una fuerte afinidad, o tal vez el prospecto está enfrentando retos personales.

Pero si hoy no es el mejor día de tu prospecto, no cierres la puerta de su futuro. Tal vez dentro de un mes, o varios meses, la situación cambie.

Wes Linden, autor de *79 Tips Para Redes De Mercadeo*, mantiene siempre la afinidad con sus prospectos al decir:

–Te entiendo. No hay problema. El tiempo es lo más importante. ¿Estaría bien si me mantengo en contacto de vez en cuando para saber cómo te está yendo y que sepas cómo nos está yendo?

Bastante genial. Nadie dice "No" cuando Wes les responde educadamente con esta frase. Todos dicen: –Sí, por supuesto.

Entonces, Wes pone la información del contacto en una libreta que denomina "No Por Ahora." Diariamente, esa libreta se llena con más y más prospectos con los cuales Wes puede hacer seguimiento más adelante, ¡y sus prospectos le han dado permiso de hacerlo!

Esto te da una oportunidad de conversar cuando el tiempo sea mejor dentro de la vida del prospecto.

Wes tiene una libreta por cada año que ha estado en el negocio.

Cuando Wes necesita hablar con alguien, literalmente tiene cientos y cientos de personas con quien hablar.

Cuando compartí esta gran idea de Wes, un asistente a mi seminario comentó que nombraría a su libreta de seguimiento "Sí Para Después." ¡Eso es mentalidad positiva!

La filosofía de Wes es:

"Nuestro trabajo no es cerrar personas, es abrirlas."

¿Cómo es una "señal de compra"?

Después de comenzar la conversación con "¿Qué te gustaría saber primero?", el prospecto dice:

* ¿A la gente le gusta este producto?

* ¿Me podrías decir cómo pagan?

* ¿Como cuantas horas por semana piensas que se requieren?

* ¿Tengo que conocer mucha gente?

* ¿Qué tan pronto crees que pueda ganar $300 extra al mes?

* ¿Hay algún entrenamiento o capacitación?

Ahora tu prospecto está buscando razones para entrar, en lugar de razones para huir. Tu conversación será sin esfuerzo ya que estás respondiendo las preguntas de tu prospecto lo mejor que puedes. Tu prospecto está cómodo mientras le permites controlar la dirección y el flujo de la información.

Lo peor que podemos hacer es hablar sin parar. A los prospectos les gusta comprar. No les gusta que les vendan a la fuerza.

¿Qué tal si no conozco la respuesta?

Esto trabaja a tu favor. Los prospectos no esperan que seas Wikipedia con piernas. Si no sabes, el prospecto se da cuenta de que no necesita ser un experto para tener éxito. La mayoría de las preguntas difíciles pueden ser contestadas diciendo: –Esa es una muy buena pregunta para hacer en tu primer entrenamiento de la compañía.

Una de las primeras razones por las que los prospectos no ingresan es que no se pueden ver a ellos mismos haciendo el negocio. Manténlo simple. Las decisiones son fáciles cuando las opciones son sencillas.

La propuesta de matrimonio.

Durante su horario de comida, sentado en una banca del parque, un joven soltero se dice a sí mismo: −¡Hoy es un buen día para conseguir una esposa!

Así que camina directo hacia la primera mujer que ve y pregunta: −¿Te casarías conmigo?

Una expresión de asombro en el rostro de la mujer, antes de dar media vuelta y salir corriendo.

El joven piensa: −Tal vez hice la pregunta demasiado bajo y ella no me escuchó.

Así que a la siguiente mujer que pasa caminando por ahí, la toma del brazo y grita: −¿TE CASARÍAS CONMIGO?

Qué raro. Ella también sale corriendo sin dar respuesta alguna. ¿Qué estará mal?

Confundido, el joven observa su ropa. Hmmm, está bien vestido. Revisa su aliento y está bien. E inclusive, todavía tiene su identificación de la oficina colgada en la solapa del saco, para que sea obvio que tiene un trabajo.

Después de unos fracasos más, el joven regresa a la oficina. Se pregunta por qué todas las mujeres dijeron "No" o simplemente salieron huyendo.

Y es entonces que la razón llega a su cabeza. Así es, sus prospectos necesitan una oportunidad de construir afinidad para que haya seguridad y confianza. La gente no hace negocios con personas en las que no confía.

Resulta que es complicado construir confianza y seguridad si le gritas a las mujeres que pasan frente a ti en el parque. No es la manera ideal de crear una relación a largo plazo.

Una relación normal puede incluir los siguientes eventos:

* Presentación inicial.

* Primera cita.

* Segunda cita.

* Largas conversaciones por teléfono.

* Conocer amistades de la otra persona.

* Conocer a la familia.

* Hablar sobre planes a futuro, etc.

Y después de todo ese seguimiento posterior a la presentación inicial, es entonces que la pregunta "¿Te casarías conmigo?" tiene una mejor probabilidad de éxito.

¿Te unirías a mi negocio?

¿Qué hay de nuestros prospectos? ¿No se sentirían más cómodos después de múltiples contactos y oportunidades de construir algo de relación y confianza? ¡Desde luego!

Debido a que no tenemos una afinidad sólida con algunos prospectos, ellos no harán el compromiso de unirse de inmediato. Y entre más sensacionalismo y beneficios les arrojemos en el contacto inicial, bueno, más rápido van a correr lejos de nosotros.

No podemos comenzar diciendo:

* "Nuestro producto te hará bajar 25kg en una semana."

* "Nuestro servicio es el mejor y todos nuestros competidores son unos malandrines."

* "En sólo siete horas vas a poder renunciar a tu empleo."

* "Sólo los perdedores rechazan este negocio tan bueno."

* "No dejes que los negativos perdedores de la oficina te desanimen de entrar a esto."

* "Todas las estrellas de la tele están dentro del negocio pero con nombres secretos."

* "Toma posición ahora. Si esperas a mañana ya será muy tarde."

* "Comprométete ya a cambiar tu vida. No tienes tiempo de pensarlo."

* "Somos los mejores. ¿Tienes problemas para tomar buenas decisiones?"

* "Hasta un niño de 3 años puede ver que esto es una buena oportunidad. ¿Tienes algún problema con eso?"

* "¿No amas a tu familia?"

* "Serás millonario de la noche a la mañana."

* "¿Por qué tomas la decisión de posponer esto, mientras mantienes el estilo de vida de tu jefe?"

* "¿Tienes algo en contra de ganar dinero?"

Si no hay afinidad, pedirle a los prospectos que tomen una decisión grande en su vida es injusto. Esto puede ser un gran compromiso para ellos, así que desean sentirse cómodos con nosotros.

Y tal vez nuestro prospecto no quiere "casarse con nuestro negocio". En lugar de eso, el prospecto puede simplemente querer entrar para usar nuestros productos, participar en el desarrollo personal, o disfrutar la vida social con amigos positivos. No todos tienen las mismas metas.

Así que, en lugar de ir muy rápido, o pedir un compromiso demasiado grande, podríamos hablar sobre compromisos más pequeños en el camino. Por ejemplo:

* Asistir a una junta de oportunidad para conocer a más personas involucradas en el negocio.

* Probar un producto para ver resultados personales.

* Escuchar un audio de información.

* Hacer una llamada de 3 vías con un líder exitoso que pueda compartir su historia y conocimiento.

* Mantener una mente abierta y tener una conversación dentro de 30 días para ver si algo ha cambiado en la vida del prospecto.

* Revisar algunos testimonios de personas ganando $500 al mes.

El primer seguimiento no tiene que ser "Toma una gran decisión de vida ya." Tenemos tiempo. El prospecto tiene tiempo.

Y tal vez el prospecto sólo quiere "salir" por un rato para ver cómo van las cosas. Tal vez quiere una oportunidad para conocerte mejor.

Como profesionales en redes de mercadeo, debemos de ser sensibles para movernos a la velocidad que el prospecto desea. Ahora, eso no significa que sea despacio. Con mejores habilidades de afinidad, podemos crear esa relación más rápidamente. Pero siempre queremos ir al paso que sea más cómodo para nuestro prospecto.

Seguimiento en automático.

¿Te sientes incómodo y temeroso al teléfono? Detestas llamar a alguien una y otra vez preguntando: –Eh, ¿leíste la información que te envié? ¿Has tomado una decisión? ¿La situación ha cambiado?

Usar un seguimiento en automático te libera del tiempo perdido que inviertes dejando mensajes que nadie contesta. Y si te estás preguntando por qué los prospectos no responden tus llamadas, aquí lo tienes.

No quieren hablar contigo.

Tal vez estén temerosos de decir "No"… o tal vez no es el mejor momento. Pero recuerda, la razón por la que los prospectos no responden es porque no quieren decir "Sí" a lo que les ofreciste.

¿Puede cambiar eso? Seguro.

Pero por ahora, su respuesta es "No."

¿Y cómo funciona el seguimiento en automático?

El seguimiento en automático le recuerda consistentemente al prospecto la oferta que le has hecho. Todos los días, de cada semana, recordará tu oferta. Cuando sea el momento correcto para moverse hacia delante, te recordarán. Y, te recordarán amablemente debido a que no los hostigaste constantemente con llamadas telefónicas.

El seguimiento en automático significa:

1. No más llamadas telefónicas, buzones de voz, o posibilidades de rechazo.

2. Tu tiempo de seguimiento se reduce a cero, para que puedas invertir más tiempo en más prospección.

La técnica que vas a usar para hacer seguimiento en automático es "palabras visuales de efecto retardado." Si no has aprendido la habilidad de crear palabras visuales todavía, aquí hay una breve explicación.

"Palabras visuales" significa usar palabras de una manera especial para crear una historia. Tu prospecto mira la historia en su mente. Es como contar una historia y tener a tu prospecto observando cómo cobra vida en una película dentro de su cabeza.

Las palabras visuales automáticamente ayudan con la procrastinación, **pero al agregar un evento a la historia**, tu prospecto es recordado de la historia cada vez que el evento ocurre.

Cuando creas buenas palabras visuales, tus prospectos no pueden sacarlas de su mente.

Aquí está un ejemplo:

Imagina que estás hablando con tu prospecto. Al final de tu presentación él dice:

–Necesito pensarlo. Tengo que hablar con mi perro y mi abogado. Te responderé en un par de meses.

Dile a tu prospecto:

–¡Hey! Me da gusto que quieras pensarlo. ¿Podrías hacerme un favor?

Mañana temprano cuando te levantes para ir a trabajar, y te subas en tu coche, saca las llaves del bolsillo. Justo antes de que las pongas en la ignición, hazme un favor. ¿Podrías hacerte esta pregunta?

"¿De verdad quiero levantarme para dejar a mi familia a las 7am, sortear el tráfico al trabajo y, de verdad es este el coche de mis sueños?"

Eso es todo – ¿podrías hacerte esa pregunta?

El prospecto dirá:

–Seguro. No hay problema.

¿Qué ocurre a la mañana siguiente?

El efecto retardado de tus palabras visuales entra en acción.

La mañana siguiente tu prospecto se levanta, sale a su auto, saca las llaves de su bolsillo, las pone en la ignición y, ¿qué crees que va a pensar?

Tu prospecto pensará:

–Vaya, ¿de verdad quiero estar levantándome a las 7 a.m., dejar a mi familia y manejar todo ese tiempo al trabajo?... Y, ¡¿este Pinto del '73 es realmente el coche de mis sueños!? Tal vez debo de pensar de nuevo en esa oportunidad de la que me hablaron ayer.

Pero, aquí está la magia. ¿Qué ocurrirá la mañana después de eso? Los mismos pensamientos cruzarán la mente de tu prospecto...

Y la mañana siguiente...

Y la mañana siguiente...

Tu prospecto siempre estará pensando en ti y tu oportunidad. Y cuando el momento sea el correcto, tal como cuando su jefe le grite, o hay un gran embotellamiento, estarás pegado a su mente. Tu prospecto estará llamándote para decirte que ahora es el momento para tomar acción.

¿Quieres otro ejemplo?

Terminas tu presentación con una joven y ella dice:

–Oh, necesito pensarlo. Necesito hablar con mi abogado, mi gato, mi astrólogo y mi médico brujo.

En ese momento dirías esto:

–¿Me podrías hacer un favor? La próxima vez que recibas tu sueldo, ¿podrías hacer esto? Cuando abras tu sobre, saca tu cheque, sosténlo con tu índice y tu pulgar, levántalo al cielo, a contraluz, y hazte esta pregunta: ¿esto es todo lo que valgo?

Bien, ¿qué es lo que va a ocurrir la próxima vez que ella reciba su sueldo?

Ella va a abrir el sobre. Pero, probablemente no lo sujetará a contraluz. Alguien podría verla y pensar que está loca.

Pero pensará para sí misma:

–¿Esto es todo lo que valgo? ¡¿Sabes qué?! Tuve que doblar horarios tres días la semana pasada. Mi compañero de oficina nunca se baña. La empleada nueva habla todo el día. Estoy harta del tráfico en la mañana. No me valoran. Nunca me han dado un aumento. Le fallé a mi hija en su concierto de violín la semana pasada por trabajar horas extra. ¡Y detesto hacer estos estúpidos reportes diarios! Tal vez debería buscar algo más. Quizá deba tomar ventaja de esa oportunidad que me presentaron hace quince días.

Y ese es el efecto retardado de usar palabras visuales para hacer seguimiento en automático con tus prospectos.

"Voy a comenzar la dieta... la próxima semana."

Terminaste tu presentación sobre tus maravillosos productos dietéticos. Incluso cuando tu prospecto está convencido de que tu Programa de Dieta Maravillosa le ayudará a eliminar el peso extra y nunca recuperarlo jamás, tu prospecto duda.

¿Por qué? Tal vez tu prospecto está pensando todavía dentro de su mente:

–Me fascinan mis platillos favoritos. Además, salir a comer con amigos me encanta. Es imposible que me vaya a la cama con el estómago vacío. No me gusta sentirme con hambre. Intenté hacer ayuno una ocasión, pero fracasé después de 20 minutos. Yo creo que voy a comenzar una dieta en serio la próxima semana... o mejor, dentro de dos semanas.

Así que, ¿cómo le recordarías a tu prospecto que tu programa de dietas es perfecto para él? Hacer una llamada cada semana a casa de tu prospecto para preguntarle: – ¿Sigues gordo?– puede ser una receta para el rechazo. En vez de eso, podrías darle a tu prospecto algunas palabras visuales de efecto retardado:

–Está bien tomar la decisión de no comenzar tu dieta hoy. Te entiendo. Pero, podrías hacerme un favor?

Cada mañana cuando te pongas los pantalones y abroches el cinturón, ¿podrías hacerte esta pregunta?: ¿Hoy es un buen día para cambiar mi vida y comenzar con el Programa de Dieta Maravillosa?

¿Qué es lo que ocurre? Todos los días cuando tu prospecto se viste, piensa sobre ti y el Programa de Dieta Maravillosa. Y cuando el momento sea el correcto para hacer un cambio en su vida, bueno, tus palabras casi se han convertido en un amigo diario. Tu prospecto te estará llamando para comenzar con su dieta.

"Tu crema de noche suena bien, pero no ahora."

A tu prospecto le encanta la idea de usar tu Fabulosa Crema Nocturna para hacer su piel más joven mientras duerme. Pero tu Fabulosa Crema Nocturna es un poco costosa, y por lo pronto, ya tiene en casa seis meses de crema de noche en el tocador. Por supuesto que lo duda y dice: –Tu crema de noche suena bien, pero ahora no. Déjame terminar con la crema de noche que uso y después veré si tu crema me interesa.

Tú contestas: –No hay problema. Te entiendo. Quieres terminar tu crema para seis meses. Yo me sentí igual cuando me presentaron esta Fabulosa Crema Nocturna. Pero tenía un problema. Cada mañana cuando me levantaba, me miraba en el espejo y me preguntaba: – ¿Quiero levantarme todas las mañanas con estas bolsas bajo los ojos o mejor comienzo a usar la Fabulosa Crema Nocturna de inmediato?

¿Qué crees que tu prospecto estará pensando esa misma noche cuando su cabeza toque la almohada?

Así es, le estarás recordando todas las noches sobre tu Fabulosa Crema Nocturna.

El seguimiento en automático no es la única manera de hacer seguimiento con los prospectos, pero te ahorra tiempo. Es perfecta para distribuidores tímidos que se sienten incómodos con las llamadas telefónicas con prospectos que no están listos todavía para tomar acción.

Seguimiento personal, sin rechazo.

¿Por qué nos sentimos culpables al hablar con nuestros prospectos para ver si hoy es su momento para tomar acción?

Tal vez estamos interrumpiendo su día. O, quizá tenemos miedo de que hayan tomado la decisión de decir "No," y no queremos escuchar eso.

Es demasiado fácil encontrar razones para no hacer seguimiento.

Así que comencemos con la manera más sencilla y segura para hacer seguimiento con tus prospectos. Esta técnica de seguimiento no sólo es de bajo perfil, sino que está libre de rechazos y es muy segura para personas tímidas.

Primero, recordemos el lado negativo de los correos electrónicos. Muchas personas no abrirán tu correo. O lo que es peor, tu correo llegará a la bandeja de correo no deseado, para nunca ser visto.

¿Por qué tu prospecto sin interés abriría tu correo electrónico?

El secreto es proveer **valor** con cada correo. Esto entrenará a tu prospecto para abrir cada correo que le envíes, porque él o ella espera recibir valor.

¿Qué tipo de valor podrías incluir en tu correo?

* Un artículo que hable sobre una solución al problema de tu prospecto.

* Un enlace a información importante que tu prospecto esté interesado en conocer. Por ejemplo, el que 90% de los empleados no tienen suficientes fondos para su retiro.

* Un testimonio sobre cómo un cliente tuyo ha usado tu producto u oportunidad. Historias reales sobre personas reales siempre son interesantes.

* Un recurso simple que pueda mejorar la vida de tu prospecto. Este recurso no tiene que estar asociado con tu producto o tu oportunidad. Sólo algo que sea de ayuda.

* O, incluso una broma apropiada que tu prospecto pueda compartir con sus amistades. La mayoría de las personas aman un buen chiste, y les encanta llevar nuevos chistes a sus amigos.

Si no agregas valor con cada correo, estarás entrenando a tu prospecto a rápidamente borrar tus correos y tratarlos como nada más que un guión de ventas. Proveer valor es clave.

¿Necesitas más razones para enviar a tu prospecto un correo electrónico de seguimiento?

* Notifica sobre un aumento en el precio de tu producto, servicio, o cuota de afiliación. Esta es una manera cortés de recordarle a tu prospecto sobre su oportunidad para ahorrar dinero.

* Tal vez el producto tiene suministro limitado. Ese suministro puede estar agotándose rápidamente y puede ser la última oportunidad para comprarlo en algún tiempo.

* Hazle saber sobre alguna venta o descuento próximo de tu producto o servicio.

* Informar sobre la oferta que tiene tu producto o servicio y que está a punto de concluir.

* Ofrecer una muestra gratis de tu producto o servicio.

* Ofrecer una versión mejorada de tu producto o servicio por el mismo precio base.

* Educar a tu prospecto sobre una nueva manera de usar tu producto o servicio.

* Ofrecer una bonificación si tu prospecto hace una compra hoy.

* Incluir un artículo reciente que habla sobre tu producto, servicio u oportunidad.

* Enviar un enlace de un video que habla sobre tu producto o servicio.

Sí, hay muchas razones para mantenernos en contacto con los prospectos. Tu competencia no tendrá la disciplina de mantenerse en contacto, así que resaltarás frente a tu prospecto.

¿Estás en el negocio a largo plazo?

Un boletín informativo personal puede mantener a tu mercado caliente interesado en ti y tu negocio.

Aquí está una técnica:

Una vez por mes, escribe un boletín breve con algunas actualizaciones sobre tu vida. Este boletín irá para tu familia, amigos, compañeros de trabajo e incluso tus prospectos fríos. A la gente le gusta echar un vistazo dentro de la vida de otras personas. Recuerda esas cartas navideñas que recibes una vez al año donde tus amigos te actualizan sobre lo que les ocurrió el año pasado. Bueno, tal vez tu boletín no deba de ser tan largo y aburrido. Estoy seguro que puedes hacer una versión más interesante.

Habla de ti mismo y de tus experiencias durante el mes. A las personas les gusta saber sobre algún cambio de empleo, un cambio en una relación, o tal vez que compraste un coche nuevo. Puedes incluso hablar de tu gato o perro.

Pero en alguna parte de tu boletín, menciona tu negocio de redes de mercadeo. Puedes contar la historia sobre el cliente que te llamó para contarte un testimonio genial y darte las gracias por tu producto. O describe la conversación que tuviste con un distribuidor sobre la diversión que tuvieron en la convención de la compañía. Este no es momento de usar técnicas de cierre ni llamadas de acción. En lugar de eso, sólo quieres que se enteren que continúas desarrollando "esa cosa". Estarán impresionados con tu persistencia.

Ya sabemos que los prospectos están buscando cambios en su vida.

* Están desesperados por alguien a quién seguir.

* Quieren seguir a alguien que sabe a dónde se dirige.

* Y quieren seguir a alguien que sepa cómo llegar al destino.

Sí, ellos quieren ver si tienes las habilidades para tu negocio. Nadie quiere seguir a alguien sin seguridad y que constantemente cambia de dirección.

Cuando muestras un registro estable, incluso los peores escépticos estarán impresionados con tu compromiso de largo plazo. Sí, las redes de mercadeo se hacen más fáciles con el tiempo. Construyes tu credibilidad con tu consistencia.

Cuando los lectores de tu boletín personal tengan eventos en sus vidas que los hagan querer cambiar de carrera, pensarán en ti, y pensarán en ti afectuosamente. Se sentirán seguros de unirse contigo, debido a que han visto tu compromiso a largo plazo.

Tus boletines personales no deben de ser muy largos. Sólo quieres hacer una breve actualización sobre lo que te ha ocurrido en ese mes. Con el tiempo, las personas van a esperar con gusto a que llegue tu boletín. Así que asegúrate de entrenarlos para abrir tus correos al mantenerte lejos de los guiones de venta dentro de tu boletín.

Sé único.

Hace veinticinco años, el marketing por correspondencia estaba en su auge. Cada compañía grande tenía un catálogo. Recibíamos catálogos mensualmente, trimestralmente, versiones para cada temporada, y ofertas de tiempo limitado. En lugar de ir al centro comercial, podíamos comprar en casa, placenteramente mientras mirábamos televisión.

En aquel entonces, revisábamos los catálogos, llamábamos a un número gratuito, y los productos mágicamente llegaban a la puerta de nuestro hogar. El negocio de la oficina de correos estaba creciendo porque cada compañía quería enviar su catálogo.

Adelántate algunos años, y el término "correspondencia basura" se convirtió en algo muy real. Sí, recibimos demasiada correspondencia y toda se parece. La mayoría de las personas clasifica su correspondencia encima del bote de basura. Si no se ve interesante en cuestión de un segundo, termina en la basura. Quizá así es como nos entrenamos para borrar correos electrónicos basura de inmediato.

Aún así algunas compañías sobrevivieron el desplome de la "correspondencia basura" en 1999. Incluso hoy, las compañías utilizan catálogos por correspondencia además de todas las listas de correo electrónico, páginas web, redes sociales, etc.

¿Cómo han sobrevivido?

Eran **únicos**.

Ellos consistentemente nos entregaron su valor de una manera ligeramente distinta para resaltar de la multitud.

* En lugar de un aburrido sobre blanco, usaron un sobre azul.

* En lugar de usar etiquetas de direcciones frías e impersonales, hechas por computadora, escribían las direcciones a mano.

* En lugar de escribir con la jerga típica del marketing, sus mensajes se sentían más personales.

La mejor manera de evitar ser arrojado al cesto junto a toda esa correspondencia basura, es no lucir como correspondencia basura.

Y hoy, es todavía peor. El correo electrónico no es costoso de enviar, así que estamos inundados con correo no deseado y ofertas. Es obvio saber cuales mensajes son basura sólo con leer la línea de asunto. Después de algunos cientos de encabezados idénticos, llenos de sensacionalismo, es fácil identificar el correo que es basura, y el que es de nuestros amigos.

¿No recuerdas este tipo de encabezados aburridos, repletos de sensacionalismo? Aquí hay algunos para comenzar:

* "!Gane $1'000,000 en 30 días!"

* "¡Somos los #1!"

* "Construimos tu organización por ti. ¡No necesitas hacer esfuerzo!"

* "Oportunidad en pleno calentamiento. Todavía mejor que una oportunidad en despegue."

* "Los expertos de la industria han predicho esto…"

* "Únete al negocio correcto, antes de que sea tarde."

Los correos electrónicos con estas líneas de asunto serán borrados rápidamente. Nuestra estrategia de seguimiento debe de ser única e interesante.

Por ejemplo, si nuestra competencia está usando correos electrónicos, nosotros sobresalimos si enviamos una postal por correspondencia. Necesitamos que nuestra comunicación de seguimiento se haga notar.

Si nuestra competencia está inundando las redes sociales, ¿qué podríamos hacer que sea diferente?

* ¿Podríamos ofrecer algo de interacción haciendo que voten en una encuesta?

* ¿Tenemos algo especial que las personas quieran compartir?

* ¿Nos ven como una persona real o sólo otro vendedor más?

* ¿Podríamos tener un video corto y atractivo?

Los prospectos están en un trance.

Sobrecarga de información. Sobrecarga de publicidad. Correos electrónicos sin fin. Redes sociales saturadas. Todo se torna borroso ante los ojos del prospecto. Después de un tiempo, todo se ve igual.

Con un poco de esfuerzo, podemos resaltar de entre la multitud y nuestro seguimiento se hace notar. Después de todo, ¿de qué sirve nuestra campaña de seguimiento si nadie la ve?

Mientras todos están saturando el internet, o usando el teléfono para hacer seguimiento, el próximo capítulo muestra una manera en la que puedes ser diferente.

Con tarjetas postales.

Tarjetas postales... se tienen que hacer notar.

Sí, usar la correspondencia está pasado de moda, pero eso es lo que hace que las postales resalten y hace que los prospectos se enteren de tu mensaje.

Este servicio de correo está aquí para quedarse un largo tiempo. ¿Por qué? Para que las personas puedan recibir sus facturas y los anunciantes alcancen a más personas. Sí, estar en línea es el futuro, pero no todos están listos para el cambio todavía.

La correspondencia hace que las personas se sientan especiales. Piensa en esto.

¿Normalmente recibes una invitación para la boda de alguien por correo electrónico? O, ¿recibes un sobre con una bonita invitación impresa en un papel elegante?

Para ocasiones especiales, una invitación enviada por correspondencia le dice a las personas que son especiales.

¿Borrar un correo electrónico? Fácil. Pero si alguien se toma el tiempo de enviarte algo por correspondencia, entonces debe ser importante.

Ahora, puedes estar pensando: –¿Enviar por correspondencia una comunicación para hacer seguimiento? Eso tomará más tiempo. Costará algo más de dinero.

Sí, así es. ¿Pero acaso un buen prospecto no vale tu tiempo y un poco de dinero? Si sobresales de la multitud y le muestras que te importa, este prospecto podría hacerte ganar miles de dólares al mes por el resto de tu vida. Una comunicación más personal impresionará a tu prospecto.

Recuerda, las personas se están uniendo **contigo**. Están buscando esa guía que sabe hacia dónde se dirige, y sabe cómo llegar ahí.

¿Y cómo usas la correspondencia de manera efectiva para hacer que las personas se unan contigo?

Ingresa a la solución de las postales.

Las tarjetas postales son baratas de comprar y de enviar. Además, la mejor parte es… las postales significan que estás a salvo de todo rechazo. Nunca tendrás que escuchar a alguien decir "No" a través del teléfono.

Usar postales para motivar a tus prospectos a unirse es simple. Recuerda, si te tomas el tiempo de enviar una postal, ellos sabrán que estás pensando en ellos, y a los prospectos les gusta sentirse importantes.

Sólo la idea de que le pidas a tus prospectos su dirección postal también los hace sentir especiales. Ellos preguntan qué es lo que enviarás por el correo. La curiosidad está de tu lado.

Y finalmente, una postal les muestra que los recuerdas como **persona**, no como un número telefónico o un nombre en tu lista de correos electrónicos para seguimiento.

Una imagen vale más que mil palabras.

Las postales también pueden tener fotografías que activen una respuesta emocional. A la gente le encanta mirar fotos. A nadie le gusta tirar a la basura sus fotografías. Si tus prospectos conservan tus postales, esas imágenes continuarán dentro de sus mentes.

Bueno, ¿qué tipo de postales puedes enviar?

#1. ¡Tenemos descuentos!

¿Tienes algún producto en promoción que puedas anunciar? ¿Un producto de regalo en la compra de otro? O, ¿tal vez podrías ofrecer una presentación de muestra de tu producto o un período de prueba de tu servicio?

#2. Estoy en la convención.

Muestra una foto tuya con cientos o miles de asistentes. La prueba social, de que otras personas están involucradas, remueve uno de los obstáculos que tienen los prospectos. Cuando tus prospectos miran todas esas personas felices, se sienten más cómodos al probar tu negocio.

#3. Estoy de vacaciones.

La próxima vez que estés de vacaciones, envíale a tus prospectos una postal. Ya sea que tu cheque de bonificaciones pague por tus vacaciones, o sólo unas noches de hotel, tus prospectos verán que tu negocio puede ofrecer vacaciones divertidas. Pueden verse a si mismos disfrutando unas vacaciones con su familia.

#4. Una atracción local.

Usa una foto de alguna atracción local con un mensaje rápido que diga: –Me gusta mucho esta atracción y me recordó de ponerme en contacto contigo. Espero que te esté yendo bien.– No hay guión de ventas. Sólo un mensaje de que recuerdas al prospecto como una persona real, no sólo un nombre en una lista.

#5. Promueve tu producto o servicio.

Crea tu propia postal. Toma fotos divertidas con tus productos o servicios e imprímelas. Si quieres hacer sólo unas pocas tarjetas postales, simplemente busca algunas "postales adhesivas" o visita tu tienda local de artículos de oficina. Puedes tomar fotos y convertirlas en postales en cuestión de segundos. Las personas tendrán problemas al querer tirarlas a la basura ya que tu foto está en la tarjeta.

¿Qué tipo de mensaje deberías de usar en tu postal?

Asegúrate de que tu oferta no es de tiempo limitado. Recuerda, la entrega depende de la oficina de correos, así que puede tomar varios días la entrega de tu postal.

Tu postal está diseñada para construir una relación de confianza con tu prospecto. Así que tu mensaje no debe de ser una presentación desglosada de tu oportunidad, sólo una razón para estar en contacto. Aquí hay algunas breves muestras para darte ideas de mensajes.

* "Estamos disfrutando de unas vacaciones deducibles de impuestos aquí en la convención de mi compañía. Siempre quise conocer nuevos lugares, y la familia está muy emocionada de estar aquí en el parque de diversiones."

* "Acaban de anunciar que el viaje gratis del próximo año será en Orlando. Me recordó la conversación que tuvimos sobre algún día llevar a tus hijos a Disney World."

* "Disfrutando tiempo de calidad con la familia. Finalmente construí el negocio y ahora lo trabajo tiempo completo. Podemos darnos fines de semana más largos."

* "La pareja joven de la que te platiqué, John y Mary, está aquí con nosotros de vacaciones en el parque. No se unieron por dinero, sino porque querían más tiempo de calidad con su hijo."

* "Me acordé de ti mientras viajaba hoy. Tengo esperanza de que algún día en el futuro sea un buen momento para que te unas con nosotros, porque tenemos planeados más viajes."

* "Esquiando con mis hijos. Estoy muy contento de tomar las SúperVitaminas, porque mis hijos ya casi me ganan la carrera hacia la base de la montaña."

* "Disfrutando de una vista hermosa. Espero que podamos hacer un viaje juntos pronto. Es más fácil viajar con un cheque extra para poder pagar algunos pequeños caprichos."

Usa tu imaginación.

Si sabes lo que motiva a tus prospectos, será más fácil escribir ese corto mensaje.

Prepárate para recibir sorpresas. Tal vez visites la casa de tu prospecto un año después para encontrar tu postal en la puerta del refrigerador. Sí, esa tarjeta postal les ha recordado de tu negocio cada vez que abren el refrigerador.

Registros de seguimiento.

¿Qué hay si te olvidas de un buen prospecto? ¿Qué pasa si olvidas esa llamada que prometiste hacer?

Elimina ese estrés de hacer seguimiento al tener un sistema simple que funciona para ti. La clave es, que tiene que funcionar para ti. Un mismo sistema no funciona para todos.

Para algunos distribuidores, un sistema con un simple estuche similar al de fichas bibliográficas basta. Escribe el nombre de tu contacto en la parte superior de la ficha, escribe la información de contacto, y haz notas sobre lo que ocurrió durante la conversación. Elige una fecha para hacer seguimiento con el prospecto, y coloca la ficha en una pequeña caja o estuche, organizada por fechas para hacer seguimiento.

Baja tecnología. Fácil. Cualquiera puede hacerlo.

En el otro extremo, algunos distribuidores pueden elegir programas altamente automatizados que organizan, indexan, y hacen casi todo el trabajo por el distribuidor, excepto… el seguimiento.

El sistema que uses es solamente un método de mantener el registro de a quién debes de contactar y cuándo. La parte más importante es cómo haces el seguimiento con tus prospectos. Un buen sistema de registro no te hará mejor al hablar con los prospectos. El contacto en sí, es la parte más importante que puedes hacer.

Así que usa sabiamente tu sistema de registro para el seguimiento. Pasa tan poco tiempo como sea posible llenando, organizando e indexando tus archivos, y tanto tiempo como sea posible hablando con prospectos en vivo.

Sumario.

Recuerda, la mayoría de nuestros prospectos ya están calificados y quieren tu oportunidad o productos. Desean vivir una vida mejor, más dinero, libertad de tiempo, viajes... y todo lo bueno que ofreces.

Al tomar la actitud de que tu prospecto ya quiere lo que estás ofreciendo, tu seguimiento será más divertido. Pasarás tu tiempo ayudando a tus prospectos a sentirse más cómodos, ayudándolos a sobrepasar objeciones internas, y ayudándoles a enfocarse en todo lo bueno que puede surgir gracias a hacer negocios contigo.

No todos decidirán de inmediato.

Así que ayuda a estas personas a sentirse cómodos mientras los mueves hacia delante en su camino para tomar una decisión.

¡GRATIS!

Consigue 7 mini-reportes de frases fabulosas, fáciles, para crear prospectos nuevos, calificados.

Descubre cómo sólo unas pocas palabras correctas pueden cambiar tus resultados en tu negocio de redes de mercadeo para siempre.

Consigue todos los siete mini-reportes gratuitos de Big Al, y el Reporte Big Al semanal gratuitamente con más tips sobre prospección y patrocinio.

Regístrate hoy en:

http://www.BigAlReport.com

MÁS RECURSOS DE BIG AL

¿Deseas que Big Al de una conferencia en tu área?

Solicita un evento de entrenamiento de Big Al:

http://www.BigAlSeminars.com

Mira la línea completa de productos de Big Al en:

http://www.FortuneNow.com

MÁS LIBROS
DE TOM "BIG AL" SCHREITER

Los Cuatro Colores De Las Personalidades Para MLM: El Lenguaje Secreto Para Redes De Mercadeo

Rompe El Hielo: Cómo Hacer Que Tus Prospectos Rueguen Por Una Presentación

¡Cómo Obtener Seguridad, Confianza, Influencia Y Afinidad Al Instante! 13 Maneras De Crear Mentes Abiertas Hablándole A La Mente Subconsciente

Primeras Frases Para Redes De Mercadeo: Cómo Rápidamente Poner A Los Prospectos De Tu Lado

MLM De Big Al La Magia De Patrocinar: Cómo Construir Un Equipo De Redes De Mercadeo Rápidamente

Cómo Prospectar, Vender Y Construir Tu Negocio De Redes De Mercadeo Con Historias

Cómo Construir Líderes En Redes De Mercadeo Volumen Uno: Creación Paso A Paso De Profesionales En MLM

Cómo Construir Líderes En Redes De Mercadeo Volumen Dos: Actividades Y Lecciones Para Líderes De MLM

Mira la lista completa en:

http://www.BigAlBooks.com/spanish.htm

SOBRE EL AUTOR

Tom "Big Al" Schreiter tiene más de 40 años de experiencia en redes de mercadeo y multinivel. Es el autor de la serie original de libros de entrenamiento "Big Al" a finales de la década de los 70s, continúa dando conferencias en más de 80 países sobre cómo usar las palabras exactas y frases para lograr que los prospectos abran su mente y digan "SI".

Su pasión es la comercialización de ideas, campañas de comercialización y cómo hablar a la mente subconsciente con métodos prácticos y simplificados. Siempre está en busca de casos de estudio de campañas de comercialización exitosas para sacar valiosas y útiles lecciones.

Como autor de numerosos audios de entrenamiento, Tom es un orador favorito en convenciones de varias compañías y eventos regionales.

Su blog, http://BigAlBlog.com, es una actualización constante de ideas prácticas para construir tu negocio de redes de mercadeo y multinivel.

Cualquier persona puede suscribirse y recibir sus consejos gratuitos semanalmente en:

http://www.BigAlReport.com

Traducción Por
Alejandro González López